高校体育发展新思路：

教学与经济的有机结合

许维刚◎著

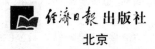

经济日报 出版社

北京

图书在版编目 (CIP) 数据

高校体育发展新思路：教学与经济的有机结合 / 许
维刚著 . —— 北京：经济日报出版社，2024.9
　　ISBN 978-7-5196-1421-8

　　Ⅰ . ①高… Ⅱ . ①许… Ⅲ . ①体育教学 – 教学研究 –
高等学校 Ⅳ . ① G807.4

　　中国国家版本馆 CIP 数据核字 (2023) 第 256573 号

高校体育发展新思路：教学与经济的有机结合
GAOXIAO TIYU FAZHAN XINSILU: JIAOXUE YU JINGJI DE YOUJI JIEHE

许维刚　著

出　　版：经济日报出版社
地　　址：北京市西城区白纸坊东街 2 号院 6 号楼 710（邮编 100054）
经　　销：全国新华书店
印　　刷：武汉恰皓佳印务有限公司
开　　本：710mm×1000mm　1/16
印　　张：12.75
字　　数：193 千字
版　　次：2024 年 9 月第 1 版
印　　次：2024 年 9 月第 1 次印刷
定　　价：72.00 元

目 录

第一章　绪论

背景与意义

一、高校体育当前面临的挑战

（一）教学模式的僵化与不适应

1. 科技的进步与学习习惯的变革

在 21 世纪，科技的飞速发展已经渗透到各个领域，体育教育也不例外。学生已经习惯了数字化的生活方式，如通过手机、电脑等获取信息和知识。这种数字化的习惯也影响了他们的学习方式和期望，他们更希望在学习过程中有更多的互动性和自主性，而不是被动地接受知识。

2. 传统教学模式的局限性

很多高校的体育教学仍然停留在传统的"教师讲授、学生模仿"的授课模式上。这种模式存在以下局限性。

缺乏互动性：传统模式下，教师往往是课堂的主导者，学生则处于被动接受的地位。这种单向的教学方式缺乏互动，学生难以真正参与到课堂中来。

忽视学生个体差异：每个学生都有不同的体质、兴趣和学习能力。传统模式往往不能充分考虑学生的个体差异，导致学生难以融入课堂教学。

难以激发兴趣和主动性：由于教学方式单一、内容枯燥，很多学生对体育课缺乏兴趣，甚至产生抵触情绪。这种情绪进一步影响了学生的学习积极性和主动性。

3. 教学模式的改进需求

为了更好地适应时代的发展和学生的需求，高校体育教学急需进行教学模式的改革和创新。这包括引入更多的互动元素、尊重学生的个体差异以及采用更加生动有趣的教学方法等。只有这样，才能真正激发学生的学习兴趣和主动性，提高体育教学的效果和质量。

传统教学模式的局限性已经成为高校体育教学发展的一大瓶颈。要打破这一瓶颈，就要从多个方面进行改革和创新，使体育教学更加符合时代的要求和学生的需求。

（二）体育资源配置的不合理

1. 高校体育教学与经济的紧密结合

在当今时代，高校体育教学与经济的联系日益紧密。随着体育产业的蓬勃发展，高校体育教学不再仅仅局限于校园内的教学和训练，而是逐渐与社会经济相结合，形成一种新的发展模式。这种结合不仅可以促进体育教学的改进和发展，还可以为高校带来经济效益，实现资源的优化配置和共享。

2. 吸引社会资金和资源投入体育教学

通过与社会的合作，高校可以吸引更多的资金和资源投入体育教学。具体来说，可以采取以下措施。

校企合作：与体育产业相关企业建立合作关系，共同开展体育教学和训练项目。企业可以提供资金、设备和技术支持，高校则可以提供场地、师资和学生资源。这种合作模式可以实现资源的互补和共享，提高资源利用效率。

社会捐赠：鼓励社会各界人士和校友对体育教学进行捐赠。这些捐赠可以用于改善教学条件、购置先进的教学设备和器材、设立奖学金和助学金等。这不仅可以帮助高校改善教学条件，还可以激发学生的学习热情和积极性。

政府支持：争取政府对高校体育教学的支持和投入。政府可以通过拨款、政策扶持等方式支持高校体育教学的发展，推动体育事业的进步。

3. 将资源优势转化为经济优势

高校拥有丰富的体育资源，包括场地、师资、学生等。通过与社会的合作，高校可以将这些资源优势转化为经济优势，实现资源的共享和互补。具体措施如下。

提供优质的体育服务和产品：利用高校的体育资源，为社会提供优质的体育服务和产品。例如，开设体育培训班、承办体育赛事、提供体育健身指导等。这些服务和产品可以满足社会的需求，同时可以为高校带来经济效益。

开展体育科研和成果转化：鼓励教师和学生开展体育科研活动，将科研成果转化为实际应用。这不仅可以提升高校的科研水平和声誉，还可以为体育产业提供新的技术和产品，推动体育产业的发展。

加强国际交流与合作：积极参与国际体育交流与合作，引进国外先进的体育教学理念和方法，拓展国际视野。同时，可以将我国的优秀体育文化传播到国际舞台，提升我国在国际体育领域的影响力。

高校体育教学与经济的结合可以促进资源的优化配置和共享。高校通过吸引社会资金和资源投入体育教学、将资源优势转化为经济优势等措施，既可以实现高校体育教学的创新和发展，也可以为高校带来经济效益和社会效益。这种结合不仅有利于高校自身的发展，也有利于推动我国体育事业的进步和发展。

（三）体育教学与体育产业结合的局限

1. 体育产业的朝阳特性

体育产业在21世纪已经成为全球范围内增长最快的产业之一，被誉为"朝阳产业"。随着人们健康意识的增强和生活方式的转变，体育消费逐渐成为新的消费热点，同时体育产业的市场规模不断扩大，并展现出巨大的发展潜力和市场前景。

2. 高校体育教学对体育产业的推动作用

高校体育教学作为体育人才培养的摇篮，对于体育产业的发展具有不可替代的推动作用。具体来说，高校体育教学可以通过以下方式为体育产业提供支持。

人才输送：高校培养的各类体育人才，如运动员、教练员、裁判员、体育经济人才与管理人才等，源源不断地输送到体育产业中，为体育产业的发展提供坚实的人才基础。

科研支持：高校的体育科研机构通过开展科研活动，取得大量的科研成果。这些成果通过转化和应用，可以为体育产业的技术创新和产品升级提供强大的智力支撑。

赛事与活动组织：高校经常举办各类体育赛事和活动，这些赛事和活动不仅丰富了学生的课余生活，也为体育产业提供了宝贵的市场机会。通过对这些赛事和活动的组织和运营，可以推动体育产业相关产品和服务的发展。

3. 校企合作与科研成果转化

校企合作和科研成果转化是高校参与体育产业发展、推动经济增长的重要途径。具体来说，其主要包括以下方面。

校企合作：高校与体育企业建立紧密的合作关系，共同开展人才培养、技术研发、市场拓展等活动。这种合作模式可以实现资源共享和优势互补，促进产学研的紧密结合，推动体育产业的创新发展。

科研成果转化：高校的科研成果通过技术转让、合作开发等方式转化为实际应用，为体育产业提供新的技术和产品。这不仅可以提升体育产业的科技含量和竞争力，还可以带动相关产业的发展，为经济增长贡献力量。

4. 经济增长与社会效益

随着高校体育教学与经济的紧密结合，体育产业得到了快速发展，为经济增长贡献了巨大的力量。同时，体育产业的发展也带来了显著的社会效益，如提升国民健康水平、促进就业、增强国家软实力等。这些效益不仅提高了人们的生活质量，也为社会的和谐稳定提供了有力保障。

高校体育教学与经济的结合对于推动体育产业的发展和助力经济增长具有重要意义。通过人才输送、科研支持、校企合作和科研成果转化等方式，高校可以积极参与体育产业的发展，推动体育产业的持续健康发展，为经济增长和社会进步贡献力量。

（四）教学与实践结合的局限

1. 实践能力的培养

学生参与经济活动，如实习、兼职、创业等，可以锻炼自身的实践能力。这些活动要求学生将所学的理论知识应用于实际工作，解决实际问题。通过实践，学生可以加深对理论知识的理解，培养动手能力和解决问题的能力。

2. 社会经验的积累

与经济活动的结合使学生有机会接触社会，并了解社会的运作方式和规则。这种社会经验的积累对于学生来说是非常宝贵的，它可以帮助学生更好地适应社会生活、理解社会现象，并培养他们的社会责任感和公民意识。

3. 综合素质的提升

通过参与经济活动，学生的综合素质可以得到显著提升，具体如下。

团队协作能力：经济活动往往需要团队合作，学生可以在其中学会与不同背景的人合作，提升团队协作能力。

沟通能力：与经济活动相关的工作需要学生具备良好的沟通能力。通过与同事、客户、合作伙伴等的交流，学生可以提升沟通能力，学会如何有效地传达信息和表达观点。

创新能力：在经济活动中，学生可能会遇到新的问题和挑战。通过思考和解决这些问题，学生可以培养创新思维和创新能力。

抗压能力：经济活动中的竞争和压力可以锻炼学生的抗压能力，使他们学会如何在压力下保持冷静和高效工作。

4. 就业竞争力的提高

实践经验和社会经验的积累可以提高学生的就业竞争力。在就业市场，企业往往更倾向于具有实践经验和社会经验的学生。因为这些学生通常能够更快地适应工作环境，更好地与同事合作，更高效地完成任务。因此，参与经济活动可以使学生在竞争激烈的就业市场中脱颖而出。

学生参与经济活动不仅可以锻炼实践能力、积累社会经验、提升综合素质，还可以增强就业竞争力。这对于学生的个人成长和职业发展都具有重要意义。因此，高校应鼓励学生积极参与经济活动，并为他们提供必要的支持和指导。

二、 教学与经济结合的重要性

当今时代，高校体育的功能早已不再局限于传统的锻炼身体、培养运动技能上。随着经济社会的发展，体育产业逐渐崭露头角，并成为推动经济增长的新动力。因此，高校体育与经济的紧密结合，显得尤为重要。

（一）适应社会需求，培养新时代体育人才

1. 新时代背景下的挑战与机遇

随着全球经济一体化和信息技术的快速发展，经济社会对人才的需求正在发生深刻变化。高校作为人才培养的摇篮，其教学模式和内容必须与时俱进，以适应新时代的需求。在这种背景下，高校体育教学面临着巨大的挑战和机遇。传统的体育教学模式注重技能和体能的训练，而忽视了学生的全面发展和社会需求。因此，探索高校体育与经济结合的新模式，成为新时代背景下的重要课题。

2. 高校体育与经济结合的内在逻辑

高校体育与经济结合具有内在的逻辑性。首先，高校体育教学和经济活动都是以人为中心的活动，它们的目标都是促进人的全面发展。其次，高校体育教学和经济活动在资源利用、技术创新和市场开拓等方面具有互补性。通过结合，可以实现资源的优化配置和共享，推动技术创新和产业升级，开拓新的市场和就业空间。最后，高校体育与经济结合符合教育改革的趋势和经济社会发展的要求。教育改革强调学科交叉融合和实践能力的培养，而经济社会发展需要具有创新精神和实践能力的高素质人才。因此，高校体育与经济结合是教育改革和经济社会发展的必然要求。

3. 高校体育与经济结合的可行性

高校体育与经济结合的可行性主要体现在以下几个方面。

政策支持：随着国家对体育事业和教育改革的重视程度不断提高，相关政策对高校体育与经济结合给予了有力支持。这为高校体育教学与经济的结合提供了政策保障和发展空间。

资源优势：高校拥有丰富的体育资源和人才优势，包括场地、设施、师资和学生等。这些资源可以为经济活动提供有力支撑，同时高校体育资源可以通过经济活动得到更好的利用和开发。

市场需求：随着人们健康意识的提高和生活方式的转变，体育消费市场不断扩大。同时，体育产业作为新兴的朝阳产业，具有巨大的市场潜力和发展前景。这为高校体育与经济结合提供了广阔的市场空间和发展机遇。

4.高校体育与经济结合的必要性

高校体育与经济结合的必要性主要体现在以下几个方面。

应对挑战：传统的体育教学模式已经难以适应新时代的需求，面临着教学资源紧张、教学内容陈旧、教学评价单一等挑战。高校体育通过与经济的结合，可以引入新的教学理念和方法、优化教学资源配置、更新教学内容和方式，进而提高教学效果和质量。

注入活力：高校体育通过与经济的结合，可以为教学注入新的活力和动力。经济活动的引入可以激发学生的学习兴趣和积极性，培养学生的实践能力和创新精神，提高学生的综合素质和就业竞争力。

服务社会：高校作为社会的重要组成部分，应积极服务社会，推动经济社会发展。高校体育通过与经济的结合，可以发挥高校的资源优势和人才优势，为经济社会发展提供智力支持和人才保障。同时，可以通过经济活动增加学校的收入来源，改善办学条件和提高教师待遇。

总之，探讨高校体育与经济结合的可行性和必要性具有重要意义。这种结合不仅可以为高校体育教学注入新的活力，还可以为经济社会发展提供新的动力。

（二）优化资源配置，实现资源共享

辽宁教育学院在体育教学与经济结合方面走在了时代的前沿，其积极的探索和实践积累了丰富的经验。下面，我们将从辽宁教育学院的实际操作层面出发，详细介绍其在该领域的具体做法和成功经验。

1.深化教学改革，促进体育教学与经济的紧密结合

辽宁教育学院首先从教学改革入手，打破传统的体育教学模式，引入经济元素和市场机制。其具体做法如下。

课程创新：开发了一系列与体育产业、体育经济相关的课程，如体育市场营销、体育赞助与广告、体育场馆管理等。这些课程不仅拓宽了学生的知识面，也增强了他们的就业竞争力。

实践教学：加强了实践教学环节，通过校企合作、实训基地建设等方式，为学生提供了更多的实践机会。学生在实践中可以深入了解体育产业的运作

规律，提高自己的实践能力和综合素质。

评价机制：建立了多元化的教学评价体系，将学生的实践成果、创新能力等纳入评价范围，鼓励学生积极参与经济活动，提升自己的综合素质。

2. 发挥资源优势，推动体育产业发展

辽宁教育学院充分利用自身的资源优势，积极推动体育产业的发展。其具体做法如下。

校企合作：与多家体育企业建立了紧密的合作关系，共同开展人才培养、技术研发、市场拓展等活动。这种合作模式实现了资源共享和优势互补，推动了体育产业的创新发展。

科研成果转化：鼓励教师开展科研工作，积极推动科研成果的转化和应用。通过技术转让、合作开发等方式，将科研成果转化为实际产品和服务，为体育产业提供了新的技术和产品。

社会服务：利用学校的体育资源和人才优势，积极为社会提供体育服务。例如，开放体育场馆、提供健身指导、组织体育赛事等，不仅满足了社会的体育需求，也增加了学校的收入来源。

3. 培育体育文化，提升社会影响力

辽宁教育学院注重培育体育文化，提升其在社会中的影响力和地位。其具体做法如下。

校园文化建设：学院通过开展丰富多彩的体育活动和比赛，营造了浓厚的校园体育氛围。同时加强体育精神的宣传和培育，提高了学生的体育素养和道德水平。

社会服务与公益活动：积极参与社会公益活动，如全民健身、社区体育等。通过这些活动，该校不仅为社会提供了优质的体育服务，也提升了学校的社会形象和知名度。

国际交流与合作：该校积极开展国际交流与合作，引进国外先进的体育教学理念和经验。同时该校将中国的体育文化推向世界舞台，提升了中国体育的国际影响力。

辽宁教育学院在体育教学与经济结合方面进行了积极的探索和实践，积累了丰富的经验。这些实践经验对于其他高校来说具有重要的借鉴和参考价

值。通过学习和借鉴辽宁教育学院的成功经验，其他高校可以更快地找到适合自己的发展道路。同时，这些实践经验也可以为高校体育教学改革提供有益的启示和参考，推动高校体育教学与经济社会发展的深度融合。

（三）推动体育产业发展，助力经济增长

针对当前高校体育面临挑战和未来的发展趋势，结合辽宁教育学院的实践经验，我们提出以下策略和建议，旨在推动高校体育教学的创新和经济活动的融合发展。

1. 教学模式创新

个性化教学：尊重学生的个体差异，实施个性化教学。通过大数据分析、智能技术等手段，对学生的学习需求、能力特点等进行精准分析，提供定制化的教学方案。

跨学科融合：打破学科界限，推动体育教学与其他学科的交叉融合。例如，结合心理学、营养学、运动医学等，为学生提供更加全面的健康教育。

线上线下结合：利用现代信息技术，采用线上线下相结合的教学模式。通过线上平台提供丰富的教学资源和互动学习工具，线下则着重于实践教学和技能训练。

2. 资源配置优化

共享资源：鼓励高校间资源共享，通过合作与交流，优化体育设施、师资等资源的配置。同时，与企业、社区等合作，实现资源的互补和共享。

动态管理：建立动态的资源管理机制，根据实际需求灵活调整资源配置。例如，根据学生的选课情况、运动队的训练需求等，动态调配场地和设施。

提高效率：通过引入先进的科技手段，如智能场馆管理系统、运动数据分析软件等，提高资源的使用效率和管理水平。

3. 体育产业发展

产学研结合：鼓励高校与体育产业相关企业紧密合作，形成产学研一体化的发展模式。通过共同研发、人才培养等方式，推动体育产业的创新发展。

品牌塑造：利用高校的学术和资源优势，打造具有影响力的体育品牌。例如，可以举办高水平的体育赛事，推出具有知识产权的体育用品等。

市场拓展：积极开拓国内外市场，为体育产业的发展提供广阔的空间。可以通过参加国际体育展会、开展国际合作等方式，拓宽国际视野和市场渠道。

4. 学生综合素质提升

全面培养：注重学生的全面发展，不仅要关注学生的体能和技能水平，还要培养学生的创新精神、团队合作能力等综合素质。

实践锻炼：加强实践教学环节，鼓励学生参与各种体育活动和比赛。通过实践锻炼，提高学生的竞技水平和综合素质。

社会参与：引导学生积极参与社会公益活动，培养学生的社会责任感和公民意识。同时，学生通过参与社会实践活动，可以了解社会需求和市场动态。

这些策略和建议旨在推动高校体育教学的创新和经济活动的融合发展，为高校体育的可持续发展提供新的动力和支撑。通过实施这些策略和建议，我们相信可以推动高校体育教学与经济社会发展的深度融合，为培养具有创新精神和实践能力的高素质人才作出贡献。

（四）推动高校体育的可持续发展

随着社会的不断进步和发展，高校体育作为教育事业的重要组成部分，其可持续发展的重要性日益凸显。本书旨在通过深入研究和探讨高校体育与经济结合的多个层面，为高校体育的可持续发展提供新的思路和解决方案。

1. 经济社会发展的需求与高校体育的响应

经济社会的发展对人才的需求正在发生深刻变化，更加注重人才的综合素质和实践能力。高校体育作为人才培养的重要环节，必须积极响应这一需求。通过与经济活动的结合，高校体育可以更加紧密地与社会发展相结合，培养出更加符合社会需求的高素质人才。同时，高校体育也可以通过自身的发展，推动经济社会的进步和发展。

2. 高校体育教学的实际情况与学生全面发展的需要

当前，高校体育教学面临着诸多挑战，如教学资源紧张、教学内容陈旧、教学评价单一等。这些问题不仅制约了高校体育教学的发展，也影响了学生的全面发展。通过与经济活动的结合，高校体育教学可以引入新的教学理念和方法，优化教学资源配置，更新教学内容和方式，提高教学效果和质量。

同时，经济活动的引入也可以激发学生的学习兴趣和积极性，培养学生的实践能力和创新精神，提高学生的综合素质和就业竞争力。

3. 高校体育可持续发展的新思路与解决方案

为了推动高校体育的可持续发展，本书提出以下新思路与解决方案。

创新教学模式：打破传统教学模式的束缚，引入新的教学理念和方法。例如，可以采用线上线下相结合的教学模式，利用现代信息技术提供丰富的教学资源和互动学习工具。

优化资源配置：通过资源共享、动态管理等方式，优化体育设施、师资等资源的配置。同时，可以引入市场机制，吸引社会资金参与高校体育事业的发展。

拓展体育产业：鼓励高校与体育产业相关企业紧密合作，共同推动体育产业的创新发展。同时，可以利用高校的学术和资源优势，打造具有影响力的体育品牌。

关注学生发展：注重学生的全面发展，不仅要关注学生的体能和技能水平，还要培养学生的创新精神、团队合作能力等综合素质。同时，也要关注学生的心理健康和社会适应能力。

（五）探索与实践的示范意义

辽宁教育学院在体育教学与经济结合方面的探索与实践，不仅具有深远的现实意义，而且为其他地区的高校树立了典范，提供了可资借鉴的宝贵经验。

1. 引领创新，打破传统模式

辽宁教育学院的实践是对传统体育教学模式的一种挑战和创新。在传统模式下，体育教学往往局限于课堂和操场，与经济社会的联系不够紧密。而辽宁教育学院的实践则打破了这一局限，将体育教学与经济社会的发展紧密结合，为高校体育教学注入了新的活力和动力。这种创新性的实践对于引领其他地区高校进行类似的探索具有重要的启示意义。

2. 优化资源配置，提升教学效率

通过与经济活动的结合，辽宁教育学院实现了体育教学资源的优化配置。这种优化配置不仅提高了教学资源的利用效率，还降低了教学成本，提升了

教学效果。同时，与经济活动的结合也为辽宁教育学院体育教学引入了市场竞争机制，促使其更加注重教学质量和效率的提升。这种资源配置的优化方式对于其他地区高校提升体育教学效率具有重要的借鉴意义。

3.推动体育产业发展，服务经济社会

辽宁教育学院的实践不仅提升了体育教学的质量和水平，还推动了体育产业的发展。通过与体育产业的紧密合作，高校可以为学生提供更多的实践机会和就业渠道，同时可以为经济社会发展注入新的活力和动力。这种体育产业与高校体育教学的结合方式对于促进体育产业发展和服务经济社会具有重要的推广价值。

4.促进学生全面发展，培养高素质人才

辽宁教育学院的实践注重学生的全面发展，通过与经济活动的结合，为学生提供了更多的实践机会和锻炼平台。这种实践方式不仅有助于提高学生的体能和技能水平，还可以培养学生的创新精神、团队合作能力等综合素质。同时，与经济活动的结合也可以帮助学生更好地了解社会需求和市场动态，提升就业竞争力。这种以学生为中心的实践方式对于其他地区高校促进学生全面发展、培养高素质人才具有重要的参考价值。

辽宁教育学院在体育教学和经济结合方面的探索与实践具有重要的示范意义。它不仅为其他地区的高校提供了可借鉴的经验和模式，还通过不断地实践和创新推动了高校体育教学与经济社会发展的深度融合。这种融合不仅可以提升高校体育教学的质量和水平，还可以为经济社会发展注入新的活力和动力。因此，我们应高度重视并积极推广辽宁教育学院的实践经验，以促进高校体育教学的创新和经济社会的持续发展。

第二节 本书研究目的与结构

一、研究目的

（一）探讨高校体育教学与经济结合的可行性和必要性

随着经济社会的发展，高校体育的传统教学模式已经难以适应新时代的

需求。本书通过深入的理论分析和实证研究，旨在明确高校体育教学与经济活动相结合的可行性和必要性。这种结合不仅可以为高校体育教学注入新的活力，还可以为经济社会发展提供新的动力。本书将详细阐述这种结合的内在逻辑和现实意义，为高校体育改革提供新的思路和方向。

（二）总结辽宁教育学院的教学与经济结合的实践经验

辽宁教育学院在体育教学与经济结合方面进行了积极的探索和实践，积累了丰富的经验。本书将以辽宁教育学院为例，详细介绍其在体育教学、体育产业、体育文化等方面的具体做法和成功经验。这些实践经验对于其他高校来说具有重要的借鉴和参考价值，可以为它们提供有益的启示和参考。

（三）提出高校体育发展新思路的策略和建议

在总结辽宁教育学院实践经验的基础上，本书将结合当前高校体育面临的挑战和未来发展趋势，提出一系列针对性的策略和建议。这些策略和建议旨在推动高校体育教学的创新和经济活动的融合发展，为高校体育的可持续发展提供新的动力和支撑。这些策略和建议将涵盖教学模式创新、资源配置优化、体育产业发展、学生综合素质提升等多个方面，为高校体育的全面发展提供全面的指导。

（四）促进高校体育的可持续发展

本书旨在通过深入研究和探讨高校体育与经济结合的多个层面，为高校体育的可持续发展提供新的思路和解决方案，力求推动高校体育的可持续发展。这些思路和解决方案将综合考虑经济社会发展的需求、高校体育教学的实际情况以及学生的全面发展需要，为高校体育事业的持续健康发展提供有力的支撑和保障。

二、各章节简介

1. 第一章　绪论

本章主要介绍了本书的研究背景、意义、目的和结构安排。首先，阐述

了高校体育在当前社会背景下的重要性和面临的挑战，强调了研究高校体育
与经济结合的必要性和紧迫性。其次，明确了本书的研究目的和意义，即为
高校体育的改革和发展提供新的思路和方向。最后，简要介绍了本书的结构
安排和各章节的主要内容，为读者提供了清晰的阅读指南。

2. 第二章　理论基础

本章重点介绍了教育学、经济学等相关理论，深入分析了高校体育教学
与经济发展的内在联系和相互影响。通过梳理相关理论，本章旨在为本书的
立论提供坚实的理论支撑。同时，通过对教育学和经济学理论的交叉应用，
揭示了高校体育教学与经济活动相结合的内在逻辑和理论基础。

3. 第三章　教学与经济的融合模式

本章探讨了高校体育教学与经济活动相结合的模式和机制。首先，分析
了传统的高校体育教学模式的弊端，提出了教学模式创新的必要性和紧迫性
的观点。其次，探讨了经济模式创新在高校体育中的应用和实践，包括体育
产业化、市场化等方面的探索。最后，总结了教学与经济融合的优势和成果，
为高校体育改革提供了新的思路和方向。

4. 第四章　高校体育人才培养

本章聚焦于高校体育人才培养的目标、模式和策略。首先，明确了新时
代背景下高校体育人才的培养目标和要求。其次，分析了高校体育人才培养
的现状和问题，提出了有针对性的改进措施和建议。最后，探讨了如何通过
教学与经济结合培养具有创新精神和实践能力的体育人才，为高校体育人才
培养提供了新的思路和方法。

5. 第五章　校园体育与社会服务

本章主要探讨了校园体育设施的社会化利用、社会资源的投入与回报等
问题。首先，分析了校园体育设施对社会开放的必要性和意义，提出了社会
化利用的策略和措施。其次，探讨了社会资源如何投入高校体育事业以及如
何实现社会资源的有效利用和回报。最后，总结了校园体育与社会服务相结
合的实践经验和成果，为高校体育的社会化发展提供了新的思路和方向。

6. 第六章　数字化时代的高校体育发展

随着数字化时代的到来，高校体育教学和经济活动面临着新的机遇和挑

战。本章首先分析了数字化时代对高校体育教学和经济活动的影响和挑战，包括教学模式的变革、经济模式的创新等方面。其次，探讨了如何应对这些挑战并抓住机遇，提出了数字化时代高校体育发展的应对策略和发展方向。最后，总结了数字化时代高校体育发展的前景和趋势，为高校体育的未来发展提供了新的视角和思考。

7. 第七章　国际合作与交流

本章主要分析了国际合作与交流在高校体育发展中的重要性。首先，阐述了国际合作与交流对于提升高校体育水平和影响力的意义和作用。其次，探讨了如何通过国际合作与交流引进先进的教学理念和方法、促进体育文化的交流与融合、推动体育产业的国际合作等。最后，总结了国际合作与交流在高校体育发展中的实践经验和成果，为高校体育的国际化发展提供了新的思路和方向。

8. 第八章　挑战与未来展望

本章对全书的研究成果进行了总结，并分析了当前高校体育面临的挑战和未来的发展趋势。首先，回顾了本书的主要观点和结论，强调了教学与经济结合对于高校体育发展的重要性。其次，分析了当前高校体育面临的挑战和问题，如教学资源不足、经济模式不成熟等。最后，提出了有针对性的策略和建议，如加强教学资源建设、推动经济模式创新等，为高校体育的未来发展提供了指导和参考。同时，展望了高校体育在未来发展中的潜力和前景，鼓励读者继续关注和探索高校体育的未来发展之路。

第二章　理论基础

教育理论与体育教学

一、传统教学模式

（一）教师中心地位

在传统教学模式中，教师的角色通常被定位为知识和技能的传递者，他们站在课堂的前端，主导着整个教学过程。这种教学模式下，教师不仅是知识的传授者，也是学生学习过程中的主要引导者。

教学内容的决定者：在传统教学模式中，教师通常负责选择和确定教学内容。他们根据自己的理解、经验和教学大纲，决定学生要学习什么知识和技能。这种决定往往是基于教师的专业知识和对教育目标的理解。

教学方法的选择者：教师不仅决定教学内容，还通常选择教学方法。他们可能会采用讲授、演示、讨论等不同的教学方法，以帮助学生理解和掌握所学知识。教学方法的选择往往基于教师的教育理念和对学生的了解。

教学进度的掌控者：在传统教学模式中，教师还负责掌控教学进度。他们根据学生的学习情况和反馈调整教学计划和进度，以确保学生能够在规定的时间内完成学习任务。

学生学习的评估者：教师不仅在教学过程中发挥主导作用，还通常负责学生的学习评估。他们通过考试、作业、课堂表现等方式，对学生的学习成果进行评估和反馈，以帮助学生了解自己的学习情况。

然而，这种教师中心地位的传统教学模式也存在一些问题。例如，它可能导致学生学习过程中的被动性和依赖性，限制学生自主学习能力和创新能力的发展。因此，在现代教育中，越来越多的教育者开始倡导以学生为中心的教学模式，以促进学生的主动学习和全面发展。

（二）注重知识传授和技能训练

在传统的体育教学模式中，注重知识传授和技能训练是核心特点之一。这种教学方式强调学生对基础知识和技能的掌握，以确保他们在体育领域获得必要的专业能力和素养。

系统性知识传授：在这种模式下，教师通常会按照既定的教学大纲和教材内容进行授课。这意味着学生将按照一个有序、连贯的框架来学习体育知识。这种系统性的知识传授有助于学生建立起对体育学科的全面理解，并为他们未来的学习和实践打下坚实的基础。

规范性技能训练：除了知识传授外，传统教学模式还非常注重规范性技能的训练。教师会提供详细的指导和演示，确保学生掌握正确的动作和技巧。这种规范性训练对于提高学生的运动表现、预防运动损伤以及培养良好的运动习惯具有重要意义。

明确的教学目标：在这种教学模式下，教师通常会设定明确的教学目标，并围绕这些目标展开教学活动。这使学生能够清晰地了解他们需要达到的标准和要求，从而更好地规划自己的学习进度和方向。

教学效果显著：虽然传统教学模式相对较为传统和保守，但在某些方面，特别是在基础体育技能的训练中，其效果是显著的。通过系统的知识传授和规范的技能训练，学生能够快速掌握基本的运动技能，为他们在体育领域的进一步发展奠定坚实的基础。

值得注意的是，过于强调知识传授和技能训练可能导致一些局限性。例如，它可能忽视学生的个体差异和兴趣爱好，限制他们的创造性和自主性。因此，在现代体育教学中，越来越多的教育者开始探索如何将传统教学模式与以学生为中心的教学方法相结合，以提供更全面、更个性化的教学体验。

（三）教学方式单一

在传统体育教学模式中，单一的教学方式是一个显著的特点。这种教学方式往往以讲解、示范和练习为主要手段，虽然在一定程度上有助于学生掌握基本的体育知识和技能，但也存在一些问题，具体如下。

缺乏多样性：在传统教学模式中，教师通常采用相对固定的教学方法，如讲解、示范和练习。这些方法在传授基础知识和技能方面是有效的，但长时间使用相同的教学方法可能使学生感到单调和乏味。另外，缺乏多样性的教学方式也无法充分激发学生的学习兴趣和积极性。

缺乏灵活性：由于传统教学方法的单一性，教师往往难以根据学生的个体差异和学习需求进行调整。每个学生都有不同的学习风格和兴趣点，而单一的教学方式无法满足所有学生的需求。这可能导致部分学生在学习过程中感到挫败或无趣。

影响学习效果和兴趣：单一的教学方式可能使学生对学习内容产生厌倦感，从而影响他们的学习效果和兴趣。当学生感到无聊或缺乏挑战时，他们可能会失去学习的动力，导致学习效果下降。此外，长时间使用相同的教学方法也会限制学生的创造性和想象力，阻碍他们在体育领域的全面发展。

因此，为了克服传统教学模式中单一教学方式的局限性，教育者需要不断探索和尝试新的教学方法和手段。例如，引入游戏化教学、合作学习、探究式学习等多样化的教学方式，以激发学生的学习兴趣和积极性，提高他们的学习效果和兴趣。同时，教育者也需要关注学生的个体差异和学习需求，根据学生的特点和实际情况进行灵活调整，以实现更加个性化、多样化的体育教学。

（四）忽视学生个体差异和兴趣需求

在传统体育教学模式中，一个显著的问题是忽视了学生的个体差异和兴趣需求。每个学生都是独特的个体，他们在体育学习中的需求和兴趣点各不相同。然而，传统教学模式往往采用统一的标准和要求来对待所有学生，这可能导致一系列问题。

个体差异被忽视：每个学生都有不同的身体素质、运动能力和学习风格。然而，在传统教学模式中，教师的教学方法单一，使一些学生可能无法适应教学方式和进度，进而影响他们的学习效果和自信心。

兴趣需求被忽视：学生对体育活动的兴趣和需求也是多样化的。有些学生可能对某些运动项目特别感兴趣，而另一些学生则可能对其他项目感兴趣。然而，传统教学模式往往忽视了学生的兴趣需求，导致学生无法在体育课堂中找到自己真正感兴趣的内容，从而降低了他们的学习积极性和参与度。

限制学生潜力发挥：由于个体差异和兴趣需求被忽视，部分学生可能无法在体育学习中充分发挥自己的潜力和特长。他们可能被迫学习自己不感兴趣或不擅长的运动项目，这不仅会影响他们的学习效果，还可能导致他们对体育活动产生厌倦和抵触情绪。

缺乏个性化教学：传统教学模式缺乏个性化教学的理念和实践。教师通常按照既定的教学计划和要求进行教学，很少考虑学生的个体差异和兴趣需求。这使得学生在体育学习中缺乏自主性和选择性，无法根据自己的实际情况和需求进行有针对性的学习。

因此，为了克服传统教学模式的局限性，教育者需要关注学生的个体差异和兴趣需求，在教学中采用个性化的教学方法和手段，并根据学生的实际情况和需求进行灵活调整。例如，可以引入选修课程和项目，让学生根据自己的兴趣和职业规划选择适合自己的体育课程；同时，可以采用多样化的教学方法和手段，如游戏化教学、合作学习、探究式学习等，以激发学生的学习兴趣和积极性。通过关注学生的个体差异和兴趣需求，教师可以帮助学生更好地发掘自己的潜力和特长，实现更加全面、个性化的体育发展。

（五）学生缺乏学习主动性和创造性

被动学习状态：在传统教学模式下，学生习惯于按照教师的指示和要求进行学习。他们往往只是被动地接受知识，而不是主动地去探索和发现。这种学习方式可能导致学生对学习内容缺乏深入的理解和掌握。

缺乏学习主动性：由于学生在传统教学模式中处于被动地位，他们很少有机会主动参与学习过程。这让有些学生可能会感到自己的学习是被动的、无趣的，从而失去对学习的热情和兴趣。因此，缺乏学习主动性不仅影响学生的学习效果，还可能阻碍他们的个人成长和发展。

限制创造性发展：传统教学模式往往强调对知识和技能的掌握，而忽视了学生的创造性发展。学生很少有机会在课堂上表达自己的观点和想法，或者尝试新的方法和策略。这种教学方式可能会限制学生的想象力和创造力，不利于培养具有创新意识和创新能力的人才。

不利于培养独立思考能力：由于学生在传统教学模式中主要依赖教师的指导和帮助，他们很少有机会独立思考和解决问题。这种学习方式可能会导致学生缺乏独立思考和判断的能力，使他们无法有效地应对未来生活和工作中的挑战。

因此，为了提高学生的学习主动性和创造性，教师需要对传统教学模式进行改进和创新。他们可以采用更具互动性和参与性的教学方法，如小组讨论、案例分析、角色扮演等，以鼓励学生积极参与学习过程。同时，教师应该为学生创造更多的机会和空间来发挥他们的创造性和想象力，鼓励他们提出自己的观点和想法，并尝试新的方法和策略。通过培养学生的主动性和创造性，教师可以帮助他们更好地适应未来社会的需求和挑战。

二、现代教育理念

（一）学生中心地位

现代教育理念与传统教学模式的一个显著区别在于它强调学生在教学中的中心地位。这种理念认为，学生不仅是教育的对象，更是教育的主体，他们的需求、兴趣、能力和发展应该是教学的出发点和归宿。

教学设计以学生为中心：在现代教育理念下，教学设计不再仅仅依据教材内容和教师经验，而是充分考虑学生的实际情况和需求。教师会分析学生的知识水平、技能基础、学习风格等，并以此为基础设计教学目标、教学内容和教学方法。这样的教学设计更加贴近学生的实际，有助于提高学生的学习兴趣和积极性。

实施过程强调学生参与：现代教育理念强调学生在学习过程中的主动参与。教师不再是单纯的知识传授者，而是学生学习过程中的引导者和合作者。他们会通过组织讨论、小组合作、实践操作等活动，引导学生积极参与学习过程，培养他们的自主学习和合作学习能力。

评价注重学生的全面发展：在现代教育理念下，教学评价不再仅仅关注学生的知识掌握和技能表现，而是更加注重学生的全面发展。教师会采用多种评价方式，如表现性评价、过程性评价、自我评价等，全面评估学生的学习成果、学习态度、合作能力等。这样的评价方式更加客观、全面，有助于促进学生的全面发展。

学生主体地位得到认可：在现代教育理念下，学生的主体地位得到充分认可和尊重。他们不再是被动地接受知识的容器，而是主动地参与学习、积极探索和实践的主体。这种理念有助于培养学生的自主意识、创新意识和实践能力，为他们未来的学习和发展奠定坚实的基础。

现代教育理念中的学生中心地位是对传统教学模式的一种重要改进和创新。它强调了学生的主体地位和作用，促进了学生的全面发展和个性发展。同时，这种理念也对教师提出了更高的要求，需要教师不断更新教育观念、提升教育教学能力，以更好地适应现代教育的发展需求。

（二）全面发展和个性发展

现代教育理念强调学生的全面发展和个性发展，认为教育的目标应是培养具有广博知识、多种技能、健康情感和正确价值观的人才，同时尊重和发展每个学生的独特个性和潜力。

1. 全面发展

知识与技能：现代教育理念认为，学生应掌握扎实的基础知识，包括各个学科的基本概念和原理。同时，他们还需要具备各种技能，如批判性思维、问题解决能力、沟通能力等，以应对未来社会的复杂挑战。

情感态度与价值观：除了知识与技能，现代教育还非常注重学生的情感态度和价值观的培养。这包括培养学生的社会责任感、公民意识、环保意识等，以及使学生形成积极的生活态度，如乐观、自信、坚韧等。

综合能力：现代教育还强调培养学生的综合能力，如团队协作能力、领导能力、创新思维能力等。这些能力有助于学生更好地适应未来社会的发展和变化。

2. 个性发展

尊重个体差异：每个学生都是独特的个体，具有不同的天赋、兴趣和学习方式。现代教育理念强调尊重这些个体差异，并为每个学生提供适合其发展的教育环境和资源。

发展个人潜力：现代教育理念强调帮助每个学生发现并发展自己的潜力。高校应通过提供丰富多样的课程和活动，使学生可以在不同的领域探索自己的兴趣，发现自己的优势和特长。

培养自主性和创造性：现代教育鼓励学生发展自主性和创造性。高校通过引导学生主动学习、独立思考和创新实践，可以培养学生的自我驱动和创新能力，为他们未来的发展奠定坚实的基础。

总之，全面发展和个性发展是现代教育理念的核心内容之一。这种理念旨在培养具有广博知识、多种技能、健康情感和正确价值观的人才，同时尊重和发展每个学生的独特个性和潜力。通过实施这种教育理念，我们可以为学生提供更加丰富多彩、个性化的教育体验，帮助他们更好地应对未来社会的挑战。

（三）多元化的教学方法和手段

现代教育理念强调教学方法和手段的多元化，以适应不同学生的学习需求和兴趣。多元化的教学方法和手段不仅可以激发学生的学习兴趣和积极性，还可以提高他们的学习效果和质量。

满足多样化学习需求：学生具有不同的学习风格、背景和兴趣，因此，单一的教学方法可能无法满足所有学生的需求。通过采用多元化的教学方法和手段，教师可以为学生提供更加多样化的学习体验，满足他们的不同学习需求。

激发学习兴趣和积极性：多元化的教学方法和手段可以激发学生的学习兴趣和积极性。例如，通过引入游戏化教学、情境模拟等方法，学生可以在轻松有趣的氛围中学习新知识，从而增强他们的学习动力。

提高学习效果和质量：研究表明，多元化的教学方法和手段可以提高学生的学习效果和质量。例如，通过小组讨论、案例分析等合作学习方式，学生可以相互学习和借鉴，从而加深对知识的理解和记忆。同时，可以使用多媒体技术、虚拟现实技术等教学手段让学生更加直观地理解复杂的概念和过程，提高他们的学习效果。

培养自主学习能力：多元化的教学方法和手段还可以培养学生的自主学习

能力。例如，通过项目式学习、探究式学习等方法，学生可以自主选择和探索感兴趣的主题和问题，培养独立思考能力和自主学习能力。

适应未来教育发展趋势：随着科技的不断发展和教育理念的不断更新，未来教育将更加注重学生的个性化发展和自主学习能力的培养。多元化的教学方法和手段可以帮助学生更好地适应未来教育的发展趋势，为他们的未来发展奠定坚实的基础。

多元化的教学方法和手段是现代教育理念的重要组成部分。通过采用多元化的教学方法和手段，教育者可以满足不同学生的学习需求和兴趣，激发他们的学习兴趣和积极性，提高他们的学习效果和质量。同时，这种多元化的教学方式也有助于培养学生的自主学习能力和适应未来教育发展的能力。

（四）培养学生的自主学习能力

现代教育理念强调培养学生的自主学习能力，认为学生应该具备自我驱动、自我管理和自我发展的能力，以应对未来社会的不断变化和挑战。

1. 设置学习目标

教师帮助学生明确学习目标，使他们了解需要达到的标准和期望的成果；学生参与目标设置，根据自己的实际情况和需求制订个性化的学习目标。

2. 提供学习资源

学校为学生提供丰富的学习资源，如教材、参考书、在线课程、实践机会等。

学生学会利用这些资源，并根据自己的学习计划和目标选择合适的学习材料。

3. 引导学习过程

教师采用启发式教学，提出问题、创设情境，引导学生主动思考、探索和发现问题。

学生通过独立思考、合作学习、实践操作等方式，积极参与学习过程，掌握知识和技能。

4. 监控学习过程

教师定期检查和评估学生的学习进度和成果，提供及时的反馈和指导。

学生学会自我监控，及时调整学习计划和策略，确保学习目标的顺利实现。

5. 评价学习成果

教师采用多元评价方式，综合考虑学生的知识掌握、技能表现、情感态度等，给予全面、客观的评价。学生参与评价过程，学会自我评价和反思，了解自己的优势和不足，为未来的学习和发展制订改进计划。

6. 培养自主学习习惯

教师鼓励学生养成自主学习的习惯，如定期复习、预习、制订学习计划等。学生通过持续的实践和努力，逐渐形成自主学习的意识和能力，为未来的学习和生活奠定坚实的基础。在体育教学中，培养学生的自主学习能力尤为重要。例如，教师可以引导学生制订个性化的锻炼计划，自主选择运动项目和方式，监控自己的运动表现和健康状况。通过这样的教学过程，学生不仅可以掌握运动技能和体育知识，还可以培养自我管理和自我发展的能力，为未来的健康生活和持续发展打下坚实的基础。

培养学生的自主学习能力是现代教育理念的重要目标之一。通过设置学习目标、提供学习资源、引导学习过程、监控学习进程、评价学习成果以及培养自主学习习惯等方式，教师可以帮助学生培养自主学习能力，使他们在未来的学习和生活中能够持续学习和进步。

（五）关注学生的身心健康和情感体验

现代教育理念强调，在教育的每一个环节中，都应充分考虑学生的身心健康和情感体验。

1. 身心健康的重要性

身体健康：身体是工作和生活的本钱，健康的身体是学生进行学习和各种活动的基础。通过体育教学，可以提高学生的身体素质，增强他们的抵抗力，为他们的学习和生活提供有力的保障。

心理健康：随着社会的进步和教育理念的更新，学生的心理健康受到了越来越多的关注。心理健康不仅影响学生的学习效果，还关系到他们的日常生活和未来发展。因此，教育过程中需要注重培养学生的心理素质，帮助他们培养健康的心态，提高应对压力的能力。

2. 关注情感体验

情感需求：每个学生都是有情感的个体，他们的学习过程和成果都与其情感体验密切相关。积极的情感体验可以激发学生的学习兴趣，提高他们的学习动力；而消极的情感体验则可能导致学生对学习产生抵触情绪，影响他们的学习效果。

创造积极的学习氛围：教师应努力创造积极、和谐的学习氛围，让学生在学习过程中感受到快乐、成就感和归属感。这样的氛围可以增强学生的自信心，提高他们的学习积极性。

增强学生的自信心和归属感：通过关注学生的学习进步和成就，教师可以帮助学生建立自信心。同时，教师应鼓励学生参与团队活动和合作学习，以增强他们的归属感和团队精神。

3. 具体措施

定期体检和健康指导：学校可以定期组织学生进行体检，并提供健康指导，帮助学生了解自己的身体状况，掌握保持身心健康的方法。

心理辅导和支持：学校可以提供心理辅导服务，为学生提供情感支持和心理咨询，帮助他们解决学习和生活中遇到的心理问题。

关注个体差异：每个学生都是独特的个体，他们的身心发展和情感体验都存在差异。因此，教师应关注每个学生的个体差异，并提供个性化的教学和关怀，确保每个学生都能得到适当的关注和支持。

总之，关注学生的身心健康和情感体验是现代教育理念的重要组成部分。通过关注学生的身心健康、提供心理支持和创造积极的学习氛围等措施，可以帮助学生培养健康的心态和积极的情感体验，为他们的全面发展奠定坚实的基础。

（六）实现体育教学的个性化、人性化和社会化

现代教育理念强调体育教学的个性化、人性化和社会化，旨在培养具有独立思考能力、创新精神和社会责任感的人才，为社会的可持续发展作出贡献。

1. 个性化教学

尊重个体差异：每个学生都有独特的身体素质、运动技能和学习方式。个性化教学要求教师充分了解每个学生的特点，并根据他们的个体差异和需求进行有针对性的教学。

制订教学计划：教师可以根据学生的实际情况，为他们制订个性化的教学计划，确保教学内容和方式符合学生的实际需求和能力水平。

激发学生的兴趣和潜能：通过个性化教学，教师可以帮助学生发现和培养他们的兴趣和潜能，激发他们的学习动力和创新精神。

2. 人性化教学

关怀和尊重：人性化教学强调关怀和尊重学生的情感需求，关注他们在学习过程中的感受和体验。

建立和谐的师生关系：教师应努力与学生建立良好的关系，创造和谐、积极的课堂氛围，让学生感受到关爱和尊重。

提供心理支持：在学习过程中，学生可能会遇到挫折和困难。教师应提供必要的心理支持，帮助学生克服困难，增强他们的自信心和抗挫能力。

3. 社会化教学

培养社会责任感：通过体育教学，教师可以帮助学生了解社会规范和价值观，培养他们的社会责任感和公民意识。

团队协作与沟通能力：体育教学中的许多活动需要学生之间的合作和沟通。通过这些活动，教师可以培养学生的团队协作精神和沟通能力，为他们未来在社会中的发展奠定基础。

参与社会实践活动：学校可以组织学生参与和体育相关的社会实践活动，如志愿者服务、体育竞赛等，让学生在实践中学习和成长，增强他们的社会实践能力。

实现体育教学的个性化、人性化和社会化是现代教育理念的重要组成部分。通过实施这些教学理念，可以帮助学生建立健康的心态和积极的情感体验，培养他们的独立思考能力、创新精神和社会责任感，为他们的全面发展和社会的可持续发展作出贡献。

三、体育教学的新趋势

（一）多元化教学方法的运用

随着教育理念的进步和学生需求的多样化，教学方法发生了深刻的变革。以下是几种在现代体育教学中广泛应用的教学方法。

1. 游戏教学法

定义：将运动技能和知识融入游戏，让学生在轻松愉快的游戏环境中学习和锻炼。

优势：游戏的方式可以大大提高学生的学习兴趣和动力，使他们在玩乐中不自觉地掌握运动技能。

实例：在篮球教学中，教师可以设计各种篮球游戏，如"篮球接力""三分投篮大赛"等，让学生在游戏中锻炼篮球技能。

2. 情境教学法

定义：通过设置与现实生活相似的场景和任务，让学生在模拟的情境中进行学习和实践。

优势：这种教学方法可以帮助学生将所学知识与实际应用相结合，提高他们的实践能力和问题解决能力。

实例：在游泳教学中，教师可以模拟"救生情境"，让学生在模拟的紧急情况下学习游泳和救生技能。

3. 合作学习法

定义：鼓励学生分组合作，共同完成学习任务或运动项目。

优势：合作学习不仅可以培养学生的团队协作精神和沟通能力，还能帮助他们在互动中相互学习、共同进步。

实例：在足球教学中，教师可以让学生分组进行比赛，每个团队成员都需要发挥自己的特长，并与队友紧密合作，以达到共同的目标。

这些新的教学方法丰富了体育课堂的内容和形式，更重要的是，它们更加符合学生的学习需求和心理特点，有助于提高学生的学习效率和兴趣。同时，这些方法也有助于培养学生的综合素质和能力，为他们未来的发展打下坚实的基础。

（二）信息技术的融合

随着科技的飞速发展，信息技术已经渗透到我们生活的方方面面，对教育方式产生了深远的影响。体育教学也不例外，信息技术的融合为体育教学带来了前所未有的变革。

1. 多媒体辅助教学

直观性：通过图片、视频、音频等多媒体形式，教师可以直观地展示运动技能和动作要领。这种展示方式比传统的口头描述或示范更加生动、形象，有助于学生更好地理解和掌握运动技能。

互动性：多媒体辅助教学不仅可以展示信息，还可以与学生进行互动。例如，通过互动教学软件，学生可以模拟练习运动技能，系统则会根据学生的表现给予反馈和建议，从而提高学生的学习效果。

2. 在线学习资源

突破时空限制：在线学习资源打破了时间和空间的限制，学生可以在任何时间、任何地点进行学习。这种灵活性使学生可以根据自己的时间安排和学习需求进行学习，提高了学习效率。

个性化学习：在线学习资源通常具有丰富的内容和多样的形式，可以满足不同学生的个性化学习需求。学生则可以根据自己的兴趣、能力和学习目标选择适合自己的学习资源和学习方式。

3. 虚拟仿真技术

真实模拟：虚拟仿真技术可以模拟真实的运动环境和场景，让学生在虚拟环境中进行练习和体验。这种模拟练习不仅可以帮助学生熟悉运动环境和场景，还可以减少在实际运动中的成本并降低风险。

及时反馈：虚拟仿真技术通常配备有实时反馈系统，可以对学生的表现进行实时监控和评估。学生可以根据反馈结果及时调整自己的动作和技能，从而更快地掌握运动技能。

4. 数据分析与优化教学

学生表现追踪：通过信息技术收集并分析学生在体育活动中的数据，教师可以更准确地了解学生的表现和进步情况。

个性化教学计划：基于数据分析的结果，教师可以为每个学生制订个性化的教学计划，以满足他们的特定需求和目标。

5.增强现实与虚拟现实技术

沉浸式体验：增强现实（AR）和虚拟现实（VR）技术可以为学生提供沉浸式的运动体验，让学生在模拟的 3D 环境中进行训练和学习。

情境模拟：这些技术可以模拟各种运动场景和情境，帮助学生更好地理解和应对实际比赛或训练中的各种情况。

信息技术的融合为体育教学带来了更多的可能性，它不仅提高了教学效果和学生的学习体验，还有助于培养学生的自主学习能力和创新精神。随着科学技术的不断进步和教育理念的不断更新，我们有理由相信，未来的体育教学将会更加精彩纷呈。

（三）跨学科整合

在现代教育体系中，各学科之间的界限逐渐变得模糊，跨学科整合已成为一种趋势。体育教学也不例外，它正在与其他学科进行更多的交叉和融合，未来也会为学生提供更加全面的学习视角和知识体系。

1.体育与心理学的整合

运动心理学：研究运动员在训练和比赛过程中的心理现象和规律。通过引入心理学知识，体育教学可以帮助学生更好地应对运动中的压力、焦虑等心理问题，提高他们的心理素质和竞技水平。

个性化心理指导：每个学生都有不同的心理特点和心理需求。通过心理学的指导，教师可以为学生提供个性化的心理支持，帮助他们克服心理障碍，发挥最佳竞技水平。

2.体育与营养学的整合

合理膳食指导：营养学可以为学生提供合理的膳食建议，指导他们在运动中摄取足够的能量和营养，以保持良好的身体状态。

健康饮食习惯培养：通过营养学教育，学生可以了解食物中的营养成分和各种食物对身体的影响，从而培养健康饮食习惯，为长期运动打下坚实的基础。

3. 体育与医学的整合

运动损伤预防与处理：医学知识在体育教学中对于运动损伤的预防和处理具有重要作用。教师可以教授学生如何避免运动中的常见伤害，以及在受伤后如何进行正确的应急处理。

健康教育与宣传：通过医学知识的教学，教师可以向学生传授健康的生活方式和习惯，提高他们的健康意识和自我保健能力。

4. 体育与社会科学的整合

体育社会学：研究体育运动在社会中的地位、作用和影响。通过引入社会科学知识，体育教学可以帮助学生理解体育运动与社会、文化、经济等方面的关系，培养他们的社会责任感和公民意识。

团队协作与沟通能力培养：社会科学中的团队协作和沟通技巧同样适用于体育教学。通过参与团队项目和比赛，学生可以学会与他人合作、沟通和协调，提高他们的团队协作能力和社交技能。

跨学科整合为体育教学注入了新的活力和内涵，有助于培养具有全面素养和综合能力的人才。这种整合不仅丰富了教学内容和方法，还提高了学生的学习效果和兴趣，为他们的全面发展奠定了坚实的基础。

（四）关注个体差异与特殊需求

在体育教学中，每个学生都是一个独特的个体，他们在体能、技能、兴趣和学习方式等方面都存在差异。为了满足每个学生的需求，并帮助他们达到最佳的学习效果，现代教育理念强调体育教学中应更加关注学生的个体差异和特殊需求。

1. 个体差异的认知与尊重

体能差异：不同的学生在力量、耐力、敏捷性等体能方面存在显著的差异。有些学生体能较好，而有些学生则需要更多的时间和努力来提高他们的体能水平。

技能差异：学生在掌握运动技能方面也存在差异。有些学生很快就能学会某项技能，而有些学生可能需要更多的练习和反馈。

兴趣和动机：学生的兴趣和动机也是影响他们学习效果的重要因素。有些学生可能对某项运动特别感兴趣，而有些学生可能对其他运动更感兴趣。

2. 个性化教学策略

个性化训练计划：针对体能较差的学生，教师可以制订个性化的训练计划。根据学生的实际情况和需求，逐步调整训练强度和内容，帮助他们逐渐提高体能水平。

专门指导与训练：对于有特殊运动天赋的学生，教师可以提供专门的指导和训练，以满足他们更高层次的学习需求，帮助他们充分发挥潜力。

灵活的教学方法：教师可以采用多种教学方法，如讲解、示范、小组讨论、实践练习等，以适应不同学生的学习风格和需求。

3. 特殊需求的关注与支持

残疾学生的支持：对于残疾学生，体育教学应提供适当的支持和调整。这包括提供辅助设备、调整运动规则或环境，以确保他们能够在安全和积极的环境中参与体育活动。

特殊照顾学生的关怀：对于需要特殊照顾的学生，如有身体疾病或心理问题的学生，教师应给予额外的关怀和支持。这包括提供个性化的教学计划、心理支持或与其他专业人员合作，以确保学生的安全和健康。

4. 持续评估与调整

定期评估：教师应定期评估学生的表现和进步，以了解学生的个体差异和特殊需求是否得到满足。

及时调整教学策略：基于评估结果，教师可以及时调整教学策略和方法，以确保每个学生都能获得最佳的学习效果。

关注个体差异和特殊需求是体育教学中不可或缺的一部分。通过实施个性化教学策略和提供适当的支持与服务，体育教学可以更加有效地满足每个学生的需求，帮助他们实现全面的发展。

（五）强调终身体育意识的培养

随着现代社会对健康生活方式的日益重视，终身体育意识的培养已成为体育教学的重要目标。体育教学的目的不仅是让学生在学校期间掌握某些运动技能或体育知识，更重要的是帮助他们建立一种积极、健康的生活方式，使体育锻炼成为他们日常生活的一部分。

1. 丰富多彩的体育活动与赛事

活动多样性：学校可以组织各种形式的体育活动，如运动会、单项比赛、趣味运动会等，以满足不同学生的兴趣和需求。这些活动不仅能锻炼学生的体能和技能，还能培养他们的团队精神和竞争意识。

激发参与热情：通过定期举办赛事和活动，学校可以为学生提供一个展示自己才能的平台，激发他们的运动兴趣和参与热情。这种参与和竞争的体验可以帮助学生感受到运动的乐趣，从而更容易将体育锻炼融入他们的日常生活。

2. 体育课程与讲座

健康教育内容：在体育课程中，教师除了教授运动技能外，还应注重健康知识的传授。例如，教师可以讲解运动对身体健康的益处、合理饮食与运动的关系等，帮助学生树立正确的健康观念。

专题讲座与分享：学校可以定期邀请体育专家、健康顾问或优秀运动员来校举行讲座或分享会，向学生传授健康的生活方式和养成运动习惯的重要性。这些讲座和分享会可以从更专业的角度引导学生认识到体育锻炼的价值和意义。

3. 培养自主锻炼习惯

个性化锻炼计划：教师可以帮助学生制订适合自己的锻炼计划，鼓励他们根据自己的时间和兴趣进行锻炼。这种个性化的方式可以让学生更容易坚持锻炼，并逐渐将体育锻炼作为一种习惯。

自我监控与记录：通过使用现代科技工具，如健身 App（应用程序）、智能手环等，学生可以更方便地监控和记录自己的运动数据和健康状况。这种自我监控和记录的方式可以帮助学生更好地了解自己的身体状况和运动需求，从而更有针对性地进行锻炼。

4. 社会支持

社会资源利用：学校可以积极寻求与社会体育组织、健身俱乐部等的合作，为学生提供更多的运动资源和机会。这种合作不仅可以丰富学校的体育教学内容和形式，还能帮助学生更好地融入社会体育环境，培养他们的终身体育意识。

强调终身体育意识的培养是体育教学的重要任务之一。通过丰富多彩的体育活动和赛事、体育课程与讲座、培养自主锻炼习惯以及家校合作与社会支持等措施，学校可以帮助学生建立积极、健康的生活方式，使体育锻炼成为他们终身受益的习惯。

第二节　体育产业与经济学理论

一、体育产业的发展趋势

（一）数字化与科技驱动

体育产业正在经历一场由科技驱动的深刻变革。随着数字化技术的不断发展和普及，体育产业正在逐步实现数字化转型，这不仅改变了体育产业的传统运营模式，也为消费者带来了更加便捷和个性化的服务体验。

1. VR 技术的应用

运动训练的革命：传统的运动训练往往需要运动员亲自到场，但 VR 技术的出现为运动训练提供了新的可能性。通过 VR 技术，运动员可以身临其境地模拟真实的运动环境和场景，进行更加高效、安全的训练。这种训练方式不仅可以减少运动员因实际训练而可能受到的伤害，还能为他们提供更加真实、全面的训练体验。

全新的观众体验：除了在运动训练中的应用，VR 技术也为普通消费者提供了一种全新的运动体验。通过佩戴 VR 设备，消费者可以身临其境地观看体育赛事，感受赛场上紧张与刺激的氛围，这种沉浸式的体验极大地增强了观众的参与感和观赏性。

2. 在线体育直播的兴起

突破地域限制：过去，人们往往需要在特定的时间和地点观看体育赛事。但随着互联网技术的发展，体育直播已经打破了这种限制。现在，全球的体育爱好者无论身处何地都可以通过在线平台实时观看各种体育赛事。

互动性的增强：在线体育直播不仅提供了实时观看的功能，还为观众提供了丰富的互动功能。观众可以通过弹幕、评论等方式与其他观众在线交流，也可以通过投票、竞猜等方式参与到赛事中来，极大地增强了观众的参与感和黏性。

3. 电子竞技的崛起

新的竞技形式：电子竞技作为科技与体育相结合的产物，已经成为一种新的竞技形式。它通过电子设备和网络技术进行比赛，涵盖了多种游戏类型和比赛模式。电子竞技不仅为玩家提供了一个展示技能的平台，也为观众带来了一种全新的观赏体验。

市场潜力的挖掘：随着电子竞技的不断发展，其市场潜力也在逐渐显现。越来越多的品牌和企业开始关注电子竞技市场，他们通过赞助、广告等方式参与其中，进一步推动了电子竞技市场的繁荣和发展。

科技对体育产业的影响是深远且多方面的。随着科技的不断进步和发展，我们有理由相信，未来的体育产业将会呈现出更加多元化、智能化的特点，也必将为消费者带来更加丰富、便捷的服务体验。

（二）个性化与定制化

随着时代的进步和消费者需求的不断升级，个性化与定制化已经成为现代体育产业不可忽视的趋势。在追求个性、独特性和自我表达的社会环境下，消费者对于体育产品和服务的需求也日益多样化和个性化。

1. 运动装备的个性化

定制化的设计：现代消费者已不再满足于大众化的运动装备设计，他们更希望通过独特的设计元素、颜色、图案等来展示自己的个性和品位。许多运动品牌为了满足这一需求，特推出了定制化服务，他们允许消费者根据自己的喜好选择颜色、图案，甚至在装备上加入独特的个性化元素，如名字、座右铭等。

高科技的融入：除了外观上的个性化，现代运动装备还在功能性和舒适性上进行了个性化创新。例如，智能运动鞋可以通过传感器和 App 连接，根据消费者的运动习惯和需求提供个性化的数据分析和建议，使运动更加科学有效。

2. 健身计划的个性化

个人需求的评估：不同的人有不同的体质、健康状况和运动目标，因此，个性化的健身计划对于实现最佳锻炼效果至关重要。专业的健身教练或健康管理机构会对消费者进行全面的身体评估，然后根据评估结果制订针对性的健身计划，以确保运动的安全和有效性。

灵活性的调整：个性化的健身计划还需要根据消费者的运动进度和反馈进行灵活调整。通过定期的评估和交流，教练可以根据消费者的实际情况对计划进行优化，并确保运动计划始终与消费者的需求和目标保持一致。

3. 培训课程的个性化

多元化的课程内容：为了满足不同年龄段、不同运动水平的消费者的需求，体育培训机构提供了多样化的课程内容。从基础的技能培训到高级的专业训练，消费者可以根据自己的兴趣和能力选择合适的课程。

个性化的教学方式：在体育培训课程中，个性化的教学方式也是关键。教练会根据学生的特点和需求采用不同的教学方法和策略，如一对一辅导、小组合作等，以确保每个学生都能在课程中获得最佳的学习体验和效果。

个性化与定制化已经成为体育产业发展的重要趋势。从运动装备到健身计划，再到培训课程，体育产业正在不断地创新和突破，力求为消费者提供更加个性化、定制化的服务体验。这不仅满足了现代消费者追求个性和独特性的需求，也推动了体育产业的持续发展和繁荣。

（三）社区化与社交化

体育活动和健身在现代社会中已经远远超出了单纯的锻炼身体的范畴。它们不仅是我们保持健康和活力的方式，更是一种社交活动，有助于我们与他人建立联系、分享经验，并享受运动带来的乐趣。

1. 体育活动作为社交媒介

结识新朋友：参与体育活动常常意味着与他人合作或竞争，这为结识新朋友提供了机会。无论是参加团队运动、健身课程还是参与公开比赛，人们都有机会与志同道合的人建立联系，共同追求健康和运动的乐趣。

建立社交网络：通过参与体育活动，人们可以加入各种运动社区，与有着相似兴趣的人建立社交网络。这些社区不仅提供了交流的平台，还经常组织各种活动，进一步加强了成员之间的联系和归属感。

2. 体育产业的社区化举措

线上社区平台：许多体育品牌和机构通过建立线上社区平台来顺应社交化趋势。这些平台可以是官方网站、社交媒体群组或专门的社区论坛，他们为消费者提供了交流、分享和互动的空间。用户可以在这些平台上发布自己的运动成果、交流经验和心得，甚至组织线上挑战活动，极大地增强了用户的参与感和归属感。

线下社区活动：除了线上平台，体育产业也通过组织线下社区活动来加强社交互动。这些活动可以是定期的聚会、运动会、培训课程等，为消费者提供了面对面交流的机会，并帮助他们建立起更紧密的联系。

3. 健身 App 的社交功能

用户社区的建立：许多健身 App 不仅提供健身课程和指导，还注重建立用户社区。这些社区允许用户之间互相交流、分享经验，鼓励和支持彼此，形成一种积极向上的运动氛围。用户也可以在社区中发布自己的锻炼成果、分享健康食谱和运动心得，或者从其他用户的经验和故事中获得动力和灵感。

互动与挑战：健身 App 还经常推出各种互动和挑战活动，并鼓励用户参与其中。例如，一些健身 App 会设立每日或每周的挑战任务，用户可以参与并完成这些任务，也可以与其他用户一较高下。这种互动不仅增加了锻炼的乐趣和动力，也加强了用户之间的联系和友谊。

社区化与社交化已经成为体育产业不可忽视的趋势。通过创建线上和线下的社交平台，体育产业为消费者提供了更加便捷、有趣的社交体验，也有助于他们结识新朋友、建立社交网络并分享运动带来的快乐和成就，这不仅满足了现代消费者对于社交的需求，也进一步推动了体育产业的创新和发展。

（四）全球化与跨界合作

在全球化的大背景下，体育产业的发展已经不再局限于某一地区或国家，而是呈现出越来越明显的国际化趋势。这种趋势不仅促进了不同文化间的交流与融合，还为体育产业带来了前所未有的发展机遇。

1. 国际化的体育赛事与合作

文化交流的平台：国际化的体育赛事，如奥运会、世界杯等，已经成为各国之间进行文化交流的重要平台。通过体育赛事，人们可以了解到不同国家的文化、历史和价值观，从而增进相互之间的了解和友谊。

经济效益的驱动：国际化的体育赛事也为举办国家和城市带来了巨大的经济效益。赛事的举办不仅促进了旅游业的繁荣，还为相关产业，如餐饮、住宿、交通等带来了商机。同时，赛事的转播权销售也为媒体行业带来了可观的收入。

2. 跨界合作的新商业模式

娱乐与体育的结合：体育与娱乐的结合产生了许多新的文化产品，如体育电影、体育音乐等。这些跨界合作不仅丰富了娱乐市场的内容，也为体育产业提供了更广泛的传播渠道。

时尚与体育的融合：时尚品牌与体育产业的合作催生了"运动时尚"这一新的市场领域。这种跨界合作不仅满足了消费者对于时尚和功能性的双重需求，也为品牌带来了更多的曝光度和商业机会。

旅游与体育的结合：随着人们对健康和休闲的重视，体育旅游已经成为一种新的市场趋势。将体育活动与旅游相结合，也为消费者提供了既健康又有趣的休闲方式。

全球化与跨界合作为体育产业带来了前所未有的发展机遇。通过国际化的赛事与合作，体育产业得以更好地融入全球市场，同时与其他行业的跨界合作也为其注入了新的活力。这种趋势不仅促进了体育产业的创新和发展，也为消费者带来了更加丰富、多元的产品和服务体验。

（五）健康与可持续性

随着社会的进步和消费者对于生活质量的追求，健康和可持续性已成为各个行业共同关注的焦点。在体育产业中，这一趋势表现为对健康生活方式的推广、环保材料的运用以及对社会责任的重视。

1. 健康生活方式的推广

运动习惯的普及：体育产业在不断地推广健康的生活方式和运动习惯。通过各种渠道和平台，如健身 App、社交媒体、线下活动等，鼓励人们积极参与运动、提高身体素质，培养健康的生活方式。

科学健身的指导：体育产业也在提供更加科学和个性化的健身指导。通过智能设备和大数据分析，为消费者提供定制化的运动计划和营养建议，帮助他们更有效地达到健康目标。

2. 环保与可持续性的重视

环保材料的运用：越来越多的运动品牌开始关注环保和可持续性，并选择使用环保材料制作运动装备和设施。这不仅有助于减少对环境的污染，也是企业履行社会责任的一种表现。

环保理念的实践：除了在产品上注重环保，体育赛事和活动也开始实践环保理念。例如，减少一次性用品的使用、推广公共交通、合理利用资源等，这些举措有助于减少对环境造成的负担，并提升体育产业的社会形象。

3. 健康与可持续性的意义

社会责任的体现：体育产业注重健康与可持续性也是其履行社会责任的体现。通过推广健康生活方式和保护环境，体育产业为社会的可持续发展作出了贡献。

消费者的需求：现代消费者越来越关注产品的环保和企业的社会责任。他们对健康、环保和社会责任的要求促使体育产业不断改进和创新，以满足消费者的需求。

体育产业在健康与可持续性方面的发展趋势，不仅有利于环境的保护和社会的可持续发展，也符合消费者的需求和期望。这种趋势将推动体育产业朝着更加健康、环保和社会责任的方向发展，并为人们的健康和生活质量提供更多的保障和支持。

二、体育与经济的相互关系

（一）经济增长的动力

体育产业在全球经济中占据了举足轻重的地位。随着全球经济的发展和人们消费水平的提高，人们对于体育产品和服务的消费需求不断增长，这为体育产业提供了巨大的市场空间，推动了体育产业的快速发展，也使体育产业成为全球经济的重要增长点。体育产业的发展不仅为经济增长提供了动力，还为社会创造了大量的就业机会，从体育装备的生产、体育赛事的举办到健身教练的指导，体育产业涉及的领域非常广泛，也为各个层次的人才提供了就业机会。

1.体育产业的多元化发展

体育产业的发展已经远远超出了传统的体育赛事和健身活动领域。如今，它已经涵盖了运动装备、体育器材、健身课程、在线体育内容、电子竞技等多个子领域。这些子领域都在经历着快速的增长和创新，为体育产业带来了新的增长点和商业模式。运动装备和体育器材作为体育产业的重要组成部分，也随着科技的进步不断进行创新。新材料、新技术的运用使得运动装备更加轻便、舒适，也提高了运动表现。

健身课程和培训市场也在持续增长。随着人们对健康和健身的重视，越来越多的人选择参加专业的健身课程和培训，以提高自己的运动技能和健康水平。在线体育内容和电子竞技作为新兴领域，也在快速发展。在线平台为消费者提供了便捷的观看体验，而电子竞技作为一种新兴的竞技形式，在吸引了大量年轻观众的同时也引起了赞助商的关注。

2.经济对体育产业的影响

经济的发展对体育产业产生了深远的影响。一方面，经济的发展提供了更好的物质条件和支持，使得体育产业快速发展。另一方面，经济的发展也带来了消费结构和消费观念的变化，推动了体育产业的创新和多样化。同时，经济周期和政策环境也会对体育产业产生影响。经济衰退或政策调整可能会给体育产业带来挑战，但也为其提供了机遇。因此，体育产业需要灵活应对经济环境和政策变化，抓住机遇，实现可持续发展。

体育与经济之间存在密切的相互关系。体育产业的快速发展成为经济增长的重要动力，而经济的发展也为体育产业提供了更好的环境和机遇。未来，随着全球经济的持续发展和健康意识的提高，体育产业仍有巨大的发展潜力和市场空间。

（二）就业机会的创造

体育产业不仅是一个经济产值的增长点，更是一个庞大的就业生态系统。

从职业运动员、教练员、裁判员到体育场馆的维护人员、体育用品的生产和销售员工，再到体育记者、体育营销专家、体育解说员等，体育产业为社会提供了广泛的就业机会。职业运动员是体育产业中最具代表性的就业群体，他们通过在各类赛事中的出色表现，吸引了大量的观众和赞助商，为体育产业带来了巨大的商业价值；同时，职业运动员的成功也为年轻一代树立了榜样，激励他们追求自己的梦想，参与到体育事业中。除了职业运动员，体育产业还为教练员、裁判员等提供了就业机会。随着人们对健身和体育活动的需求不断增长，教练员和裁判员的需求也相应增加。他们负责指导人们进行正确的运动、培训和比赛，确保体育活动的安全和公平。此外，体育产业还为体育场馆的维护人员、体育用品的生产和销售员工等提供了大量的就业机会。体育场馆需要专业的维护和管理团队来确保设施的正常运行，而体育用品的生产和销售也需要大量的人力资源。这些岗位为人们提供了稳定的收入来源，也促进了体育产业的发展。

除了传统的体育相关岗位，随着体育产业的创新和多元化发展，还涌现出了许多新兴的就业机会。例如，体育记者、体育营销专家和体育解说员等。他们负责报道赛事、撰写文章、策划营销活动解说体育赛事等，为人们提供有关体育的信息和娱乐。这些新兴岗位不仅需要专业的技能和知识，还需要敏锐的市场洞察力和创新思维。发达国家中的体育产业更为成熟，因此提供的就业机会也更加多样化。在这些国家，体育产业已经成为重要的就业来源，为经济增长和社会稳定作出了重要贡献。例如，在美国，体育产业已经成为仅次于石油和汽车制造的第三大产业，提供了数百万的就业机会。

体育产业为社会提供了广泛的就业机会。这些就业机会不仅为人们提供了稳定的收入来源，还促进了体育产业的发展和社会的进步。随着体育产业的持续发展和创新，未来还将涌现出更多的就业机会，吸引更多的人才加入这个充满活力和机遇的行业。

（三）城市品牌与旅游推动

大型体育赛事，如奥运会、世界杯等，对举办城市的影响是深远的。这些赛事不仅提升了城市的国际知名度和美誉度，还为城市带来了巨大的经济效益和长期的发展机遇。

1. 城市品牌的提升

大型体育赛事为举办城市提供了一个展示自身文化和特色的舞台。全球的关注和媒体的报道为城市带来了大量的曝光机会，使城市的形象和品牌得到提升。这种提升不仅有助于吸引国内外游客，还为城市的招商引资、企业合作等提供了有利条件。

2. 基础设施建设与城市改造

为了成功举办大型体育赛事，举办城市需要进行大规模的基础设施建设和城市改造。这包括修建体育场馆、道路、交通枢纽、酒店等设施，以提供优质的硬件条件和服务。这些基础设施的建设不仅为赛事的顺利进行提供了保障，也为城市的长期发展打下了坚实的基础。

3. 旅游业的繁荣

大型体育赛事期间，大量的国内外游客涌入举办城市，为城市的旅游业带来了巨大的商机。酒店、餐饮、零售等相关产业都会受益于游客的增加，实现经济的快速增长。同时，赛事期间的旅游活动也为城市的文化交流和国际合作提供了机会。

4. 长期发展的机遇

大型体育赛事带来的不仅是短暂的经济繁荣，更是为城市的长远发展提供了机遇。赛事的举办促进了城市的基础设施建设、经济发展和就业机会的增加。同时，赛事也为城市带来了国际影响力和合作机会，为未来的发展铺平了道路。以奥运会为例，奥运会为举办城市带来了巨大的经济和社会效益。奥运会期间，全球的目光聚焦于举办城市，为城市的旅游业和品牌宣传带来了巨大的推动力。同时，奥运会的基础设施建设也为城市的长期发展奠定了基础，促进了城市经济的持续增长。

大型体育赛事对举办城市的影响深远，它不仅提升了城市的国际知名度和美誉度，还为城市的经济和社会发展带来了巨大的机遇。未来，随着体育产业的不断发展和大型体育赛事的举办，这种影响还将继续扩大，并让更多的城市受益。

（四）社会投资与赞助的增加

随着体育产业的崛起，越来越多的企业和个人开始认识到体育领域的巨大潜力和投资价值。他们纷纷通过赞助体育赛事、投资体育俱乐部或购买运动队等方式涉足体育产业，以此获得品牌曝光、增强品牌影响力或实现财务回报。

1. 企业赞助的增长

赞助是企业和体育产业之间的重要纽带。企业通过赞助体育赛事或球队，不仅能够获得宝贵的品牌曝光机会，还能与目标受众建立紧密的联系，增强品牌忠诚度。同时，赞助也是一种社会责任的体现，企业通过支持体育事业，传递出积极向上、健康活力的形象。现代的赞助合作不仅是资金支持，更多的是企业与体育组织之间的深度合作。企业参与到赛事的组织、运动员的培训和推广等各个环节，与体育产业共同成长。

2. 个人投资者的涌入

除了企业，个人投资者也纷纷涉足体育产业。他们通过购买体育俱乐部、投资潜力运动员或参与体育创业项目等方式，寻求财务回报和投资机会。这些个人投资者的加入为体育产业注入了更多的资金和活力，推动了产业的创新和发展。

3. 社会责任的体现

投资体育不仅是为了经济利益，也是企业或个人履行社会责任的一种方式。体育所传递的积极向上、团队合作、拼搏进取的精神与企业的核心价值观相契合。因此企业或个人投资体育也是为社会做贡献、回馈社会的一种表现形式。

4. 跨界合作的兴起

体育产业与其他产业的跨界合作也是近年来的一大趋势。这种合作不仅能够实现资源共享、降低成本，还能创造出新的商业模式和消费需求。例如，体育与娱乐、科技、旅游等产业的结合为消费者带来了更加丰富和多元化的体验。

社会对体育产业投资的增长是企业、个人与体育之间关系日益密切的体现。这种投资不仅为体育产业注入了大量的资金，还促进了产业的创新和发展。同时，投资体育也是企业或个人履行社会责任、与公众建立紧密联系的重要方式。在未来，随着体育产业的持续发展和成熟，这种社会投资的趋势还将继续加强，并将为体育产业的发展注入更多动力。

（五）创新与科技引领

体育产业作为新兴且充满活力的领域，为创新和科技提供了广阔的发展空间。科技的进步和创新的应用正在深刻地改变着体育产业的生态和格局，推动体育产业向更高层次发展。

1. 运动装备与技术的创新

随着科技的进步，运动装备的材料和设计都得到了极大的提升。新型材料的运用使得运动装备更加轻便、耐用，提高了运动员的表现水平。同时，设计上的创新使得装备更加贴合人体工学，为运动员提供了更好的支持。

2. 运动训练的科技化与智能化

现代科技在运动训练中的应用日益广泛。通过对运动数据的采集和分析，教练员可以更加科学地评估运动员的表现和状态，制订更加精确的训练计划。智能训练系统的出现使得训练更加个性化和高效，为运动员的成长提供了有力支持。

3. 体育赛事的数字化与虚拟化

科技的运用也改变了体育赛事的呈现方式。例如，数字化技术的应用使得体育赛事的转播更加清晰、流畅，为观众带来了更好的观赛体验；VR技术的发展则让观众能够身临其境地感受比赛的紧张和刺激，为体育赛事带来新的观赏维度。

4. 个性化与智能化体验的提升

科技的应用还为消费者提供了更加个性化和便捷的运动体验。例如，智能健身器材可以根据用户的身体状况和需求进行个性化的训练推荐；智能运动软件可以根据用户的习惯和喜好为其制订运动计划，提高运动的乐趣和效果。

5. 创新与科技的驱动力量

创新和科技在体育产业中的应用不仅提升了产业的效率和竞争力，更为经济增长注入了新的活力和动力。它们催生了新的商业模式、产品和服务，满足了消费者不断变化的需求，推动着体育产业的持续发展。总之，创新与科技已经成为推动体育产业发展的重要引擎。随着科技的日新月异，我们有理由相信，未来的体育产业将更加精彩并充满无限可能。

第三章 教学与经济的融合模式

教学模式创新

一、科技在体育教学中的应用

科技的日新月异，对体育教学的影响也越发显著。科技在体育教学中的应用已经不仅限于简单的工具辅助，而是深入教学过程的各个环节，为体育教学带来前所未有的变革。

（一）VR 和 AR 技术的应用

随着技术的飞速发展，VR 和 AR 技术逐渐走进教育领域，并在体育教学中展现出巨大的潜力和应用价值。

1. VR 技术

沉浸式体验：借助 VR 设备，如头戴式显示器，让学生能够置身于完全由计算机生成的三维虚拟环境中。这种环境能模拟出真实的运动场景，让学生在视觉和听觉上感受到身临其境的效果。比如，模拟足球场、篮球场或游泳池等运动场所，让学生仿佛置身于这些场地中进行运动。这种沉浸式的体验有助于增强学生的参与感和学习兴趣，提高学习效果。

无限制的训练环境：VR 技术打破了传统训练方式的限制，不再受限于天气、时间和地点。学生可以在任何时间、任何地点进行训练和学习，无须担心外部环境的影响。此外，VR 还可以模拟各种极端环境和条件，让学生在安全的环境中进行有针对性的训练。这种无限制的训练环境为学生提供了更多的机会和可能性，有助于提高他们的技能和应急表现水平。

实时反馈与数据分析：在虚拟环境中，系统可以实时跟踪学生的动作和表现，并给出即时的反馈和数据分析。这种实时的反馈有助于学生更好地了解自己的表现和进步情况，及时调整自己的训练计划。同时，教师也可以通过数据分析更准确地评估学生的表现和技能水平，制订更有针对性的教学计划。这种实时反馈与数据分析相结合的方式有助于提高学生的学习效果和训练水平。

VR 技术在教育领域的应用为学生和教师提供了更多的机会和可能性。通过沉浸式体验、无限制的训练环境和实时反馈与数据分析等功能，VR 技术有助于提高学生的学习效果和训练水平，为学生和教师带来更多的便利和效益。相信随着 VR 的不断发展和完善，其在教育领域的应用将越来越广泛，为教育事业的发展注入新的活力。

2. AR 技术

结合现实与虚拟：AR 技术是一种创新的教学工具，它通过将虚拟信息叠加到真实环境中，为学生提供了一种全新的学习方式。与 VR 不同，AR 技术并不完全替代现实环境，而是强化了现实与虚拟的结合，使学生能够在真实世界的背景下进行学习和训练。这种技术能够将抽象的运动原理和技巧以直观的方式呈现出来，帮助学生更好地理解和掌握。

直观的教学工具：通过 AR 技术，教师可以轻松地展示运动动作的分解、运动轨迹的分析等，使抽象的运动原理和技巧变得更加直观和易于理解。这种教学方式能够激发学生的学习兴趣，提高他们的参与度，同时能够提高教学质量和效果。

互动式学习体验：AR 技术还允许学生与虚拟对象进行互动，这种互动式的学习方式不仅能提高学生的参与度，还能加深他们对运动技能的理解和掌握。例如，学生可以通过手势控制虚拟球的运动轨迹，这种亲身体验能够帮助学生更好地理解运动技能，提高他们的学习效果。

AR 技术作为一种创新的教学工具，具有巨大的潜力和应用前景。通过结合现实与虚拟，直观的教学方式和互动式学习体验，AR 技术能够为教学带来革命性的变革，为学生的学习和发展提供更好的支持。

3. 教育价值与挑战

教育价值：VR 和 AR 技术在体育教学中具有深远的教育价值。通过这些技术，教师可以为学生创造沉浸式的、仿真的学习环境，使学生在模拟的实践中学习和掌握运动技能。VR 和 AR 技术不仅提高了教学的趣味性，使学生更愿意参与，也增强了教学的互动性，使学生能够更积极地与教师和同学进行交流互动。更为重要的是，这些技术提高了教学的有效性，使得学生在有限的时间内能够更快地掌握运动技能，并培养他们的空间认知能力和手眼协调能力。

挑战与前景：尽管 VR 和 AR 技术在体育教学中展现出了巨大的潜力，但在实际应用中仍然面临一些挑战。首先，设备成本较高，使得一些学校和教育机构难以大规模地引入这些技术。其次，技术的成熟度也是一大问题，在 VR 和 AR 技术尚未完全成熟阶段，可能会给使用者带来不适或眩晕感。最后，教师的培训也是一大挑战，教师需要学习如何使用这些新技术并将其融入日常教学。

但是，随着技术的不断进步和成本的降低，这些问题也会逐步得到解决。未来，我们可以预见到 VR 和 AR 技术在体育教学中的应用将更加广泛和深入。这些技术将进一步优化教学过程，提高教学质量，为学生提供更加丰富、生动的学习体验。因此，我们对于 VR 和 AR 技术在体育教学中的应用前景应该持乐观态度。

（二）智能穿戴设备和传感器技术的应用

智能穿戴设备和传感器技术在近年来获得了飞速发展，它们在体育教学中的应用，为教师和学生提供了前所未有的实时、准确的数据支持，极大地丰富了教学手段，提高了教学效果。

1. 实时监测与反馈在体育教学中的重要性

在当今科技迅猛发展的时代，智能穿戴设备已成为我们生活的一部分。特别是在体育教学中，实时监测与反馈为学生和教师提供了宝贵的身体数据，这为提升教学效果和保障学生健康提供了有力支持。

首先，通过智能手环、智能手表等智能穿戴设备，学生可以实时监测自己的生理指标。这不仅有助于学生及时了解自己的身体状况，如心率、血氧饱和度、睡眠质量等，还能帮助他们判断运动负荷是否适宜，以防止运动过度导致的身体损伤。例如，如果学生在运动后心率长时间居高不下，这可能表明他们的体能还有待提高，或者运动强度过大。此时，学生可以根据这些数据调整自己的运动计划，逐步提高体能。

其次，智能穿戴设备能够记录学生的运动数据，如步数、距离、运动时间等以及运动过程中的速度、加速度、运动轨迹等信息。这些数据为教师提供了客观的评估依据，使教师可以准确评估学生的运动表现和体能状况。例如，教师可以分析学生在不同运动项目中的表现差异，找出学生的优势和不足，进而制订个性化的教学方案，帮助学生提升运动技能。

最后，实时监测与反馈还有助于教师及时发现学生的潜在健康问题。例如，某个学生在课堂上的心率突然异常升高或降低，这可能表明该学生有潜在的健康问题。此时，教师可以及时与学生沟通，建议他进行进一步的医学检查，以确保学生的身体健康。

实时监测与反馈在体育教学中具有不可替代的作用。它不仅有助于学生了解自己的身体状况，调整运动计划，还有助于教师准确评估学生的运动表现和体能状况，制订个性化的教学方案。因此，在体育教学中引入智能穿戴设备是未来发展的必然趋势。

2.个性化教学支持

通过分析智能穿戴设备收集的大量数据，教师可以更深入地了解每个学生的体能状况、技能水平和运动偏好。这种基于数据的个性化教学计划，不仅能够确保教学内容和难易度与学生的实际能力相匹配，更能有效提高教学质量。首先，智能穿戴设备能够实时监测学生的运动数据和生理指标，这为教师提供了丰富的参考信息。通过这些数据，教师可以全面了解学生的体能状况，如心率、运动强度、运动量等。同时，结合学生的技能水平和运动偏好，教师可以为每个学生制订个性化的教学计划。对于体能较弱的学生，教师可以适当调整教学内容，增加体能训练；对于技能有所欠缺的学生，教师可以制订专项训练计划，帮助学生提升技能水平；而对于运动偏好明显的学生，教师则可以在教学内容中加入学生感兴趣的元素，激发学生的学习热情。其次，在教学过程中，智能穿戴设备可以实时反馈学生的运动数据和生理指标。这使得教师能够根据学生的实时表现及时调整教学策略。例如，当发现某位学生运动负荷过大时，教师可以适当减少该学生的运动量或调整运动方式，以确保教学的有效性和安全性。同时，教师还可以根据学生的生理反应及时调整教学方法和节奏，使学生在保持学习兴趣的同时，能够充分享受到运动的乐趣。此外，智能穿戴设备收集的数据还可以用于教学评估和反馈。通过对学生运动数据的分析，教师可以全面了解教学效果，发现教学中存在的问题和不足之处。在此基础上，教师可以不断优化教学计划和方法，提高教学质量。同时，这些数据也可以作为学生自我评估的依据，帮助学生了解自己的体能状况和技能水平，从而更好地制订个人学习计划。智能穿戴设备在教育领域的应用正为个性化教学提供强大的支持。通过分析这些设备收集的数据，教师可以更深入地了解学生，为每个学生制订个性化的教学计划。同时，实时调整教学策略确保了教学的有效性和安全性。这种数据驱动的个性化教学计划不仅有助于提高教学质量，更能促进学生的全面发展。随着科技的不断发展，我们有理由相信智能穿戴设备将在教育领域发挥出更大的作用。

3. 挑战与前景

随着科技的不断发展，智能穿戴设备和传感器技术在体育教学中得到了广泛应用。这些设备能够实时监测学生的运动状态和身体数据，为教师提供更加科学、精准的教学依据。但是，随着这一技术的普及，学生数据的安全和隐私保护问题以及不同设备之间的数据互通和标准化问题也日益凸显。首先，对于学生数据的安全和隐私保护，学校和教师需要采取严格的数据管理措施。他们需要制定完善的数据管理制度，并对数据的收集、存储、使用和共享等环节进行明确规定。同时，应该建立完善的数据加密和安全防护机制，确保学生数据不被非法获取和使用。此外，对于学生的个人信息和敏感数据，还应该进行脱敏处理，避免泄露学生的隐私。其次，实现不同设备之间的数据互通和标准化也是亟待解决的问题。由于市场上存在众多的智能穿戴设备和传感器技术，不同设备之间的数据格式和标准可能存在差异。这不仅会影响数据的互通性和可比性，也会导致数据的安全和隐私保护问题更加复杂。因此，需要制定统一的数据标准和规范，以促进不同设备之间的数据互通和共享。同时，对于设备的兼容性和互操作性也需要进行充分考虑，以确保不同设备之间的协同工作。智能穿戴设备和传感器技术为体育教学带来了革命性的变革。它们使得教学更加科学、精准和个性化，有助于提高教学效果和培养学生的运动兴趣。例如，通过实时监测学生的心率、运动轨迹和身体姿态等信息，教师可以更加准确地了解学生的运动状态和身体状况，进而制订更有针对性的教学计划。此外，这些设备还可以根据学生的个体差异和运动偏好，提供个性化的训练建议和健康指导，有助于培养学生的运动兴趣和自主锻炼能力。

随着技术的不断进步和应用范围的不断拓展，智能穿戴设备和传感器技术在体育教学中的作用将更加重要。未来，这些设备可能会更加智能化、多功能化和小型化，能够满足更加复杂和多样化的教学需求。同时，随着数据安全和隐私保护技术的不断发展，学生数据的安全和隐私保护问题也将得到更加有效的解决。总之，智能穿戴设备和传感器技术将在体育教学中发挥更加重要的作用，并将为提高教学效果和学生健康水平提供有力支持。

（三）在线学习平台和移动应用

随着互联网的普及和移动设备的广泛应用，在线学习平台和移动应用已经成为体育教学的新趋势。它们打破了传统体育教学的时空限制，为学生和教师提供了更加灵活、高效和互动的学习方式与教学手段。

1. 灵活的学习方式

随时随地学习：通过在线学习平台，学生可以随时随地访问学习资源。无论是在家中、学校还是在其他任何地方，只要有互联网，学生就可以开始学习。这种学习方式不仅方便了学生，也使学习方式更加灵活，可以适应不同学生的时间安排和学习需求。

丰富的学习资源：在线学习平台可以提供大量的学习资源，如教学视频、课程资料、在线测试等。这些资源不仅可以帮助学生巩固和扩展知识，还能够提供多样化的学习体验，激发学生的学习兴趣。

2. 互动与交流

随着科技的不断进步，移动应用已经深入到我们生活的方方面面，如体育类 App。首先，体育类 App 为学生提供了一个实时的互动平台。在这个平台上，学生可以随时向教师请教问题，并能得到及时的解答和指导。这种互动不仅可以帮助学生及时解决学习中遇到的问题，提高学习效率，还能够促进师生之间的情感交流，增强学生的学习动力。同时，学生还可以通过这个平台与同学们进行互动，共同探讨学习问题，分享学习心得。这种互动不仅可以帮助学生更好地理解知识，还能够培养学生的团队合作和社交能力。其次，体育类 App 具有社交功能。学生可以在体育类 App 上创建或加入学习小组，与同学们一起学习和交流。这种社交化的学习体验不仅可以增加学习的趣味性，激发学生的学习兴趣，还能够培养学生的社交能力。同时，学生可以通过这个平台与其他学校的同学进行交流，分享学习经验和生活感悟。这种跨学校的交流可以拓宽学生的视野，增强学生的综合素质。最后，体育类 App 还为学生提供了一个记录学习历程的平台。学生可以在体育类 App 上记录自己的学习进度、成绩和心得体会等信息。这种记录不仅可以帮助学生更好地总结自己的学习情况，还能够为学生提供一种自我激励的方式，促使学生更加努力地学习。同时，教师可以通过这个平台了解学生的学习情况，及时调整教学策略，提高教学质量。因此，我们应该充分利用体育类 App，发挥其在教学和学习中的重要作用。

3. 个性化学习支持

自适应学习内容：随着科技的进步和互联网的普及，教育方式也在不断演变。其中，自适应学习内容作为新兴的教育模式，正逐渐受到广泛的关注和应用。首先，自适应学习内容能够根据学生的技能水平和兴趣爱好，智能推荐相关的学习资源和课程。这种智能推荐不仅能提高学生的学习效率，还能激发学生的学习兴趣。例如，对于喜欢音乐的学生，平台可以推荐与音乐相关的课程和资源；对于数学基础薄弱的学生，平台则可以提供针对性的数学课程和练习题。其次，自适应学习内容还能根据学生的学习进度和反馈，动态调整教学内容和难度。这意味着，无论学生的学习速度如何，他们都能获得最适合自己的学习内容。这种调整不仅有助于学生更好地掌握知识，还能有效避免因学习难度过高或过低而导致的厌学情绪。

数据分析与反馈：除了自适应学习内容外，数据分析与反馈也是在线学习平台和移动应用中的核心功能之一。通过强大的数据分析技术，这些平台能够实时监测和分析学生的学习行为和表现。首先，数据分析能够帮助教师全面了解学生的学习情况和进步程度。例如，通过分析学生的学习时间、学习路径、答题正确率等数据，教师可以清楚地看到学生在哪些方面表现出色，哪些方面还需要加强。这为教师提供了更为精准的教学指导依据。其次，数据分析还能为教师提供有针对性的教学建议和改进措施。例如，如果数据显示大部分学生在某个知识点上存在困难，教师就可以针对这个知识点进行重点讲解和练习题的强化训练。这种有针对性的教学不仅能够提高学生的学习效果，还能提升教师的教学质量。

自适应学习内容和数据分析与反馈是现代教育技术的重要应用之一。通过这些技术手段，在线学习平台和移动应用为教师和学生提供了更为便捷、高效的学习方式和教学支持。随着技术的不断发展和完善，我们有理由相信，未来的教育将更加个性化、智能化和高效化。

总之，在线学习平台和移动应用为体育教学带来了前所未有的便利和灵活性。它们不仅丰富了教学手段和资源，还促进了师生之间的互动和交流，为体育教学注入了新的活力和创新力量。随着技术的不断进步和应用范围的不断拓展，未来在线学习平台和移动应用在体育教学中的作用将更加重要和广泛。

（四）数据分析与可视化工具的应用

在现代体育教学中，数据分析与可视化工具发挥着越来越重要的作用。这些工具可以帮助教师更加全面、深入地了解学生的学习情况，从而为教学策略的制定和调整提供科学依据。

1. 学习数据分析

数据挖掘与深度分析在教育中的应用：随着信息技术的发展，教育领域也开始广泛地运用数据分析技术，特别是针对学生的学习数据分析。通过对学生的学习数据进行挖掘和分析，教师们可以发现隐藏在数据背后的规律和趋势，从而更好地指导学生的学习。首先，数据挖掘可以帮助教师全面了解学生的学习情况。例如，教师可以通过分析学生在不同运动项目中的成绩变化来了解学生在体能、技术掌握、心态调整等方面的具体情况。这些细节信息是传统的观察和经验判断所难以获取的，但却对学生的学习改进和教师的教学策略制定具有重要指导意义。其次，深度分析可以帮助教师发现隐藏在数据背后的原因和规律。例如，通过分析学生在不同学科中的成绩差异，教师可以发现学生在某些学科上的学习瓶颈，进而针对性地提供解决方案。同时，教师还可以通过分析学生的学习行为数据来发现学生的学习习惯、兴趣点和潜在能力，从而更好地指导学生进行个性化学习。

这种个性化的教学方式不仅可以提高学生的学习效果，还能更好地培养学生的自主学习和创新能力。最后，数据挖掘和深度分析还可以帮助教师评估教学效果和优化教学方法。通过对学生学习数据的分析，教师可以了解教学方法的有效性，从而不断调整和改进教学策略。例如，基于数据分析结果，教师可以制定个性化的教学策略。对于技能掌握较慢的学生，教师可以提供额外的辅导和练习机会，帮助学生克服学习困难；对于已经熟练掌握技能的学生，教师可以安排更高难度的挑战，激发学生的潜能。这不仅可以提高教师的教学水平，还能推动教育教学的创新和发展。

数据挖掘与深度分析在教育中的应用具有重要的价值和意义。通过数据分析，教师可以更好地了解学生的学习情况、发现隐藏在数据背后的原因和规律、制定个性化的教学策略、评估教学效果和优化教学方法。这将有助于提高教育教学的质量和效果，推动教育的创新和发展。

2. 数据可视化呈现

在教育领域中，数据的力量不容忽视。通过收集和分析学生的学习数据，教师可以更好地理解学生的学习需求，优化教学内容和方法。而将这些数据直观地呈现出来，更是为教师的数据分析和应用提供了无限可能。

数据可视化是一种强大的工具，它能够将复杂的数据以直观、易懂的方式呈现出来。图表、图像等可视化手段能够清晰地展示学生的学习进度、成绩变化等数据，使教师能够迅速捕捉到关键信息。这种呈现方式不仅简化了数据理解的难度，还激发了教师对数据进行深度分析和应用的灵感。例如，教师可以通过观察学生的学习曲线图，了解学生在不同阶段的学习状况。如果发现学生在某一知识点上出现瓶颈，教师可以及时调整教学策略，针对性地进行辅导，帮助学生突破障碍。此外，可视化数据还可以帮助教师发现学生的学习模式和习惯，从而更好地指导学生的学习方法。

可视化数据为教师的教学决策提供了有力支持。通过深入分析学生的学习数据，教师可以全面了解学生的学习状况，从而作出更加科学、合理的决策。

例如，教师可以根据学生的成绩分布图，判断学生的学习难点和易错点。在此基础上，教师还可以调整教学内容的重点和难点分布，使教学更加符合学生的学习需求。同时，教师还可以根据学生的个体差异，为每个学生制订个性化的学习计划，实现因材施教。此外，可视化数据还可以帮助教师发现教学策略的有效性。通过对比不同教学方法下的学生学习数据，教师可以评估各种教学方法的优劣，从而选择最适合学生的教学方法。这种基于数据的决策方式，不仅可以提高教学质量，还可以推动教育教学的创新与发展。

在大数据时代，教育教学的变革与创新离不开数据的支持。直观的数据展示和教学决策支持给教育带来了无限的可能性。未来，随着技术的不断发展，我们期待数据的力量能够更好地服务于教育教学，为培养出更具创新精神和实践能力的人才发挥更大的作用。

3. 挑战与前景

数据质量与准确性：在使用数据分析与可视化工具时，确保数据的质量与准确性是至关重要的，数据的质量和准确性直接影响到分析结果的可靠性和有效性。如果数据存在误差或遗漏，那么基于这些数据得出的分析结果很可能会产生误导，进而影响教学决策的正确性和有效性。因此，对于教育工作者而言，选择可靠的数据来源，并采用适当的数据清洗和预处理技术来确保数据的准确性和完整性是至关重要的。

技术整合与应用拓展：随着科技的飞速发展，数据分析与可视化工具正在不断演进和优化。未来，这些工具将更加智能化、个性化，并能够更好地适应不同教育场景和用户需求。通过集成先进的人工智能和机器学习技术，这些工具将能够自动分析学生的学习数据，并从中提取有价值的信息。此外，它们还将根据分析结果为教师提供有针对性的教学建议和改进措施，帮助教师更好地指导学生的学习和发展。

通过技术整合和应用拓展，数据分析与可视化工具可以在教育领域发挥更大的作用。它们可以帮助教育工作者更好地了解学生的学习状况，优化教学策略，提高教学质量和效果。同时，这些工具还可以促进教育的公平性和普及性，让更多的学生受益于数据分析与可视化技术的优势。总之，数据分析与可视化工具已经成为现代体育教学中不可或缺的一部分。它们帮助教师更加深入地理解学生的学习情况，为教学策略的制定和调整提供科学依据，从而提高教学效果和质量。

二、多元化教学方法

在现代高等教育体系中，体育教学正经历着前所未有的变革。随着教育理念的不断更新和学生需求的多样化，高校体育教学的方法也逐渐走向多元化。这种多元化教学方法的探索和应用，不仅适应了时代的发展，更满足了学生的个性化需求。辽宁教育学院作为一所具有深厚教学经验的高校，在体育课程建设中展现了其独特的见解和实践成果。

（一）课程设置

辽宁教育学院在体育课程设置上非常注重多元化和实用性，具体体现在以下两个方面。

竞技与休闲并重：传统的竞技体育项目，如球类、田径等，在辽宁教育学院的体育课程中仍然占据重要地位。这些项目不仅有助于培养学生的竞技精神和团队合作能力，还是体育竞赛和校园文化活动的重要组成部分。此外，学院还增加了健身、瑜伽、舞蹈等休闲体育项目。这些项目更注重个人体验和身心健康，能为学生提供更加多样化的选择空间。

综合性课程的引入：除了传统的体育项目外，辽宁教育学院还开设了户外拓展、体育心理等综合性课程。户外拓展课程通过开展野外生存、徒步穿越等活动，培养学生的独立生活能力和团队协作能力；而体育心理课程则帮助学生了解运动与心理健康之间的关系，提高他们的心理素质和应对压力的能力。

多元化的课程设置不仅满足了学生的不同兴趣和需求，更有助于培养他们的综合体育素养。

个性化发展：多元化的课程设置为学生提供了更多的选择空间，使他们能够根据自己的兴趣和特长选择适合自己的体育项目。这种个性化的学习方式有助于激发学生的学习兴趣和动力，促进他们的全面发展。

综合素养提升：通过参与不同类型的体育课程，学生可以接触到不同的运动技能和知识领域，从而培养他们的综合体育素养。这种素养不仅包括运动技能的提高，还包括对运动文化的理解、对运动精神的领悟以及对身心健康的关注等方面。

辽宁教育学院的多元化体育教学方法不仅丰富了学生的学习体验，更在培养学生的综合体育素养方面取得了显著成果。这种教学方法的探索和应用对于推动高校体育教学的改革和发展具有重要意义。

（二）教材编写

教材作为知识的载体，对于体育教学而言具有不可或缺的重要性。辽宁教育学院在教材编写方面的努力，体现了其对体育教学质量的追求和对学生全面发展的关注。

1. 理论与实践相结合

辽宁教育学院在教材编写过程中始终坚持理论与实践相结合的原则。这意味着，在注重传授体育理论知识的同时，也注重培养学生的实践操作能力。这种编写理念体现在以下两个方面。

理论知识的系统性：学院组织了一批具有丰富教学经验和专业知识的教师团队，他们能够确保教材中的理论知识具有系统性和完整性。这不仅有助于学生建立起扎实的体育理论基础，还为他们的后续实践提供了有力的理论支撑。

实践案例的丰富性：教材不仅包含了大量的实践案例，还提供了详细的操作步骤和练习方法。这些实践内容有助于学生将所学的理论知识应用于实际操作，从而加深对知识的理解和掌握。

2. 实用性与创新性并重

实用性和创新性是辽宁教育学院在教材编写中注重的另外两个重要方面。

实用性：教材的实用性体现在其内容的针对性和实用性上。学院根据学生的学习需求和实际情况，精选了与体育教学密切相关的内容，确保学生在学习中能够获得实用的知识和技能。同时，教材中还提供了大量的练习方法和技巧，方便学生进行自主学习和实践操作。

创新性：在教材编写中，辽宁教育学院还注重创新性的体现。这包括引入新的教学理念和方法，以及探索新的教学内容和形式。通过创新性的教材编写，学院旨在激发学生的学习兴趣和创造力，培养他们的创新意识和实践能力。

3. 教师团队的专业性

辽宁教育学院在教材编写方面的成功还得益于其专业的教师团队。这些教师不仅具有丰富的教学经验，还拥有深厚的专业知识背景。他们能够根据体育教学的最新发展和学生的实际需求，编写出高质量的体育教材。同时，他们还积极参与教材的修订和更新工作，确保教材内容始终与时代发展保持同步。

辽宁教育学院在教材编写方面的努力不仅体现了其对于体育教学质量的重视，也展现了其对于学生全面发展的关注。通过理论与实践相结合、实用性与创新性并重以及专业的教师团队，学院成功地编写出了一系列高质量的体育教材，为提高学生的体育素养和综合能力作出了积极贡献。

（三）教学方法改革

辽宁教育学院在教学方法上的创新和实践，为高校体育教学注入了新的活力和动力。以下是几种主要教学方法：

1. 游戏教学法

游戏教学法是辽宁教育学院在体育教学中广泛应用的一种方法。这种方法的核心是通过设计有趣的游戏，让学生在轻松愉快的氛围中学习和掌握运动技能。例如，在篮球课程中，教师可以设计各种篮球游戏，如投篮比赛、运球接力等，让学生在游戏中体验篮球运动的魅力和竞技性。这种教学方法不仅能够激发学生的学习兴趣和积极性，还能够提高他们的运动技能和团队协作能力。

2. 情境教学法

情境教学法是辽宁教育学院提倡的另一种有效的教学方法。它通过利用场地、器材等教学资源创设与教学内容相关的情境，让学生在具体情境中学习和感受运动的乐趣。例如，在瑜伽课程中，教师可以利用音乐、灯光等元素营造宁静的瑜伽练习环境，帮助学生更好地投入练习并感受瑜伽的内在精神。这种教学方法能够增强学生的体验感，使他们在学习中更加投入和专注。

3.合作学习法

合作学习法是辽宁教育学院强调的一种重要的教学方法。它通过将学生分成小组，让学生共同完成特定的运动任务或挑战，培养学生的团队合作精神和沟通能力。在合作学习中，学生之间可以相互学习、互相帮助，共同进步。这种教学方法不仅能够提高学生学习的积极性和效果，还能够培养他们的团队协作能力和社交技能。

4.个性化教学法

个性化教学法是辽宁教育学院在体育教学中非常注重的一种教学方法。它强调尊重学生的个体差异，根据学生的体能、技能和学习风格制订个性化的教学计划和训练方案。例如，对于体能较弱的学生，教师可以制订针对性的训练计划，帮助他们逐步提高体能；对于技能掌握较快的学生，教师可以提供更高难度的挑战，激发他们的学习潜力。这种教学方法能够确保每个学生都能在适合自己的学习环境中得到成长和进步。

辽宁教育学院在教学方法上的创新和实践为高校体育教学提供了有益的参考和借鉴。通过游戏教学法、情境教学法、合作学习法和个性化教学法等多元化教学方法的应用，学院成功地提高了教学效果，培养了学生的运动技能、团队协作精神和个性化发展能力。这些实践经验对于其他高校进行体育课程建设具有重要的参考价值，为推动高校体育教学的改革和发展作出了积极贡献。

第二节 经济模式创新

一、高校体育项目运营

高校体育项目运营在现代教育体系中扮演着越来越重要的角色。随着体育产业的快速发展和市场化进程的加速，高校体育项目运营不仅有助于提升学校的品牌影响力，还能够为学校体育事业的发展提供可持续的动力。

（一）自主经营模式

自主经营模式是高校体育项目运营的一种重要方式，它强调高校依托自身的资源和力量，对校内体育项目进行全方位的管理和运营。这种模式的成功实施不仅依赖于高校的组织和管理能力，更要求其充分发掘和利用自身的资源优势。

1. 资源优势

高校通常拥有优质的体育设施。这些设施包括室内外的运动场馆、专业化的训练设备等，为体育项目的开展提供了良好的硬件基础。此外，高校还聚集了大量的专业人才，包括经验丰富的教练团队和具有深厚学术背景的体育科研人员。这些人才不仅可以提供高质量的体育教学和训练，还能为项目的科学化管理提供有力支持。同时，庞大的学生群体作为参与体育活动的主力军，为项目的运营提供了稳定的受众基础。

2. 全面管理

自主经营模式要求高校在体育项目的运营过程中实现全程管理。这意味着高校需要独立完成从项目策划、宣传推广、招生选拔、教学训练到比赛组织等各个环节的工作。这种全面管理的方式确保了项目的一致性和连贯性，有助于提高项目的整体品质和影响力。同时，全面管理也要求高校建立起完善的内部管理机制，包括项目管理、财务管理、风险管理等方面，确保项目的健康有序运行。

3. 效益最大化

通过自主经营，高校可以更加灵活地调整体育项目的运营策略和方向，以适应市场需求和实现效益最大化。这种效益不仅体现在经济效益上，如通过项目收费、赞助合作等方式获得收入，更重要的是实现社会效益的提升。例如，通过高质量的体育项目吸引更多的学生参与体育活动，提高学生的身体素质和心理健康水平；通过与社区、企业的合作，推动体育文化的传播和体育产业的发展。这些社会效益的提升将为高校赢得更广泛的社会认可和支持。

自主经营模式下的高校体育项目运营是一项系统工程，需要高校在资源整合、管理创新和市场开拓等方面做出持续的努力。通过充分发挥资源优势、实施全面管理和追求效益最大化，高校可以打造出具有自身特色的体育项目品牌，为学校体育事业的长期发展奠定坚实基础。

（二）校企合作模式

校企合作模式作为现代教育体系与市场经济结合的产物，为高校体育项目的发展打开了全新的视野。这种模式充分利用了高校的学术积淀和资源基础，同时结合了企业在市场运营、技术创新等方面的优势，实现了资源的高效配置和项目的专业化、市场化发展。

1. 资源共享

高校资源输出：高校通常拥有宽敞的体育场地、先进的训练设施以及丰富的教学经验。这些资源在校企合作中得到了更为广泛的应用。企业可以借助高校的硬件设施，为自身的培训、研发等活动提供便利，也为高校的体育教学和训练提供更为先进的方法和手段。

企业资源补充：相对于高校，企业在资金、技术和市场渠道等方面具有明显优势。通过合作，企业可以为高校体育项目提供必要的资金支持，帮助其完善设施、提升教学水平。同时，企业还能将最新的技术和市场趋势带入高校，使体育项目的教学和训练更加符合市场需求，提高项目的竞争力。

2. 专业化发展

市场化导向：企业在市场运营方面具有丰富的经验，能够准确把握市场动态和消费者需求。通过与高校合作，企业可以将市场需求及时反馈给教学团队，指导其调整教学内容和方法，使体育项目更加符合市场趋势，提高其市场占有率和经济效益。

专业化运作：企业往往具有专业的运营团队和管理模式，能够帮助高校体育项目实现专业化运作。从项目策划、宣传推广到招生管理，企业可以提供一套完整的市场化解决方案，推动高校体育项目向专业化、产业化方向发展。

3. 互利共赢

提升运营效率：校企合作可以充分发挥双方在各自领域的优势，实现资源的优化配置和高效利用。通过合作，高校和企业可以共同打造一流的体育项目，提高项目的运营效率和市场竞争力。

推动创新发展：校企合作不仅局限于资源共享和专业化发展，更深层次的意义在于推动产学研的深度融合。高校作为科研和人才培养的摇篮，可以为企业提供源源不断的创新动力；企业则将市场需求和先进技术反馈给高校，推动其科研成果的转化和应用。这种合作模式有助于形成体育产业的创新生态链，推动整个行业的持续健康发展。

总之，校企合作模式为高校体育项目的发展注入了新的活力。通过资源共享、专业化发展和互利共赢等多种方式，高校和企业可以在各自的领域发挥优势，并共同推动体育项目的专业化、市场化和产业化发展。这种合作模式不仅有助于提升项目的品质和效益，还能为整个体育产业的创新发展提供有力支持。

（三）委托经营模式

委托经营模式作为高校体育项目运营的一种策略，近年来逐渐受到各大高校的关注。这种模式的核心在于，高校将自身的体育项目委托给专业的体育机构或公司进行全面的管理和运营，从而实现资源的高效利用和项目品质的提升。

1. 专业管理

管理经验丰富：与高校相比，专业的体育机构或公司在体育项目的运营上通常具有更为丰富的经验。他们深谙市场规律，了解受众需求，能够为高校体育项目制订出更加科学和实用的管理方案。

管理团队专业化：这些专业机构拥有经验丰富的管理团队和运营人员，他们对体育项目的策划、宣传、执行等各个环节都有深入的了解和独到的见解。这样的团队能够确保高校体育项目在运营过程中始终保持高品质和高效率。

2. 减轻运营压力

分担日常工作：高校在日常的教学和科研任务中已经承载了很大的压力。通过委托经营，高校可以将体育项目的日常管理和运营工作交给专业团队，自身只需进行宏观指导和监督，从而大大减轻运营压力。

专注于核心业务：这样的分工使得高校可以更加专注于自身的教学和科研工作，而无须过多将精力分散在体育项目的具体运营上。这对于提高高校的整体运营效率和质量具有积极意义。

3. 资源优势

市场资源广泛：专业的体育机构或公司在市场中经营多年，积累了丰富的市场资源和合作伙伴。他们可以为高校体育项目带来更多的市场机会，帮助项目扩大影响力和提高知名度。

资源整合能力强：这些机构还具有强大的资源整合能力，可以为高校体育项目提供从资金、技术到人才等各方面的支持，推动项目的全面发展。

总之，委托经营模式为高校体育项目提供了一种新的发展思路。通过与专业体育机构或公司的合作，高校不仅可以获得更加专业和高效的管理服务，还能减轻自身的运营压力，并获得更广泛的市场资源和支持。但是，在选择委托经营模式时，高校也需充分考虑与合作方的沟通、目标一致性等问题，以确保合作能够达到双赢的效果。

二、体育赛事与商业合作

体育赛事与商业合作是高校体育发展的重要手段之一，它不仅能够提升高校的知名度和影响力，还能够为高校带来经济效益和市场拓展机会。

（一）品牌赞助与合作

在高校的体育赛事中，品牌赞助与合作已经成为一种常见的商业模式。这种模式的出现，既是市场经济发展的必然结果，也是高校体育事业寻求更大发展空间和更多资源的现实需求。

1. 品牌曝光的机会

在大型体育赛事中，观众的数量往往非常庞大，它涵盖了各个年龄段和阶层的人群。这些观众不仅是学校的学生和教职工，还包括广大的校友和社会公众。这种大规模的聚集为品牌企业提供了一个难得的展示自己的机会。首先，品牌企业可以通过各种形式的广告和宣传将自己的品牌形象和产品展示给数以万计的观众。这些广告和宣传通常包括赛场周围的横幅广告、赛事现场的 LED 显示屏广告以及与赛事相关的宣传册和礼品等。通过这些方式，品牌企业可以让自己的品牌和产品深入人心，从而提高品牌的知名度和美誉度。其次，体育赛事的媒体关注度也是非常高的。无论是校级还是更高级别的比赛，都会吸引大量的媒体前来报道。这些媒体包括校园媒体、社会主流媒体、传统媒体和新媒体等。品牌企业可以通过赞助这些赛事，将自己的品牌融入这些报道，从而进一步提高品牌的曝光率和影响力。

最后，体育赛事也是一个非常好的营销平台。品牌企业可以通过与赛事组织者合作，开展各种形式的营销活动，如线上线下促销、抽奖活动、互动游戏等。这些活动可以吸引更多的消费者关注品牌，增加品牌的销售量，提高品牌的市场份额。因此，大型体育赛事不仅是一个展示品牌形象和产品的好机会，也是一个提高品牌知名度和影响力的有效途径。对于品牌企业来说，赞助体育赛事是一项非常有价值的投资。

2. 资源共享与优势互补

企业与高校在体育赛事中的合作是一种互利共赢的模式。企业通过提供物质和技术支持，为赛事的成功举办提供了重要的保障；高校则利用其丰富的资源，为企业提供了展示品牌形象和推广产品的平台。品牌企业通常具备雄厚的资金实力和技术手段，他们可以为高校体育赛事提供必要的资金、物资和技术支持。这些支持不仅确保了赛事的顺利进行，还提高了赛事的专业性和品质。例如，一些企业在场地建设、设备更新、比赛组织等方面提供资助，使得比赛更具观赏性和公正性。同时，企业的参与也为赛事带来了更多的赞助商和媒体关注，进一步提高了赛事的影响力。而品牌企业通过与高校合作，获得了进入高校市场的机会。高校作为教育和科研的高地，拥有庞大的学生群体和教职员工，是企业潜在的目标客户和合作伙伴。通过与高校合作，企业可以充分利用高校的学术资源、人才资源和场地资源，开展品牌宣传、产品推广和市场拓展等活动。这种合作模式实现了企业与高校之间的资源共享和优势互补，有助于企业在激烈的市场竞争中脱颖而出。例如，一些企业与高校共同举办体育赛事，通过赛事赞助、场地广告等形式展示自己的品牌形象。同时，他们还利用高校的科研力量进行产品研发和创新，提高产品的科技含量和市场竞争力。此外，企业还通过与高校合作开展社会公益活动，提升社会形象和公众认可度。

企业与高校在体育赛事中的合作是一种互利共赢的模式。企业通过提供物质和技术支持促进赛事的顺利进行和品质提升，同时利用高校的资源进行品牌宣传和市场拓展。而高校则通过与企业合作实现资源共享和优势互补，推动体育事业的发展。这种合作模式有助于推动企业与高校的共同发展，实现社会效益和经济效益的双赢。

3.双赢效果的实现

在当今社会，品牌企业的赞助和支持对于提升高校体育赛事的品质和影响力具有重要意义。通过与品牌企业合作，高校体育赛事的组织、宣传和比赛过程都能够得到更专业、更精彩的呈现，这既有利于丰富校园文化生活，又能提升高校在社会上的形象和地位。品牌企业的赞助和支持可以为高校体育赛事提供资金、物资、技术等方面的支持，使得赛事能够有更好的组织保障和更充足的资源配备。在宣传方面，品牌企业的加入可以扩大赛事的传播范围，提高赛事的知名度，吸引更多的观众和参赛者。同时，品牌企业还可以为赛事提供专业的技术支持和指导，使比赛过程更加公正、专业和精彩。对于品牌企业而言，与高校体育赛事合作也是一种有效的营销策略。通过赞助和支持高校体育赛事，品牌企业可以提高品牌的知名度和美誉度，增强消费者对品牌的认知度和信任感。同时，这种合作模式还可以为品牌企业提供与目标受众群体直接接触的机会，更好地了解消费者的需求和反馈，促进产品的销售和推广。

品牌赞助与合作在高校体育赛事中具有不可替代的作用。它不仅为高校带来了经济效益和资源支持，更重要的是推动了学校体育事业的发展和繁荣。同时，这种合作模式也为品牌企业提供了一个有效的营销平台，实现了企业与高校的共赢发展。

品牌企业的赞助和支持是提升高校体育赛事品质和影响力的关键因素之一。通过与品牌企业合作，高校体育赛事能够获得更多的资源和技术支持，进一步提高赛事的品质和影响力。同时，这种合作模式也为品牌企业的发展提供了有效的营销平台和机会，有利于实现企业与高校的共赢。

（二）赛事转播与媒体合作

体育赛事，尤其是高校举办的体育赛事，在传播体育文化、提升学生身体素质和培养团队精神等方面发挥着重要作用。然而，如何让更多的人了解和关注这些赛事，进而扩大其社会影响力，是一个值得探讨的问题。赛事转播与媒体合作在这方面扮演了关键的角色。

1. 迅速扩大知名度与影响力

在当今信息时代，传播渠道的多元化成为不可避免的趋势。体育赛事作为一种重要的文化现象，也深受其影响。多元化的传播渠道，特别是与电视、网络等媒体机构的紧密合作，为体育赛事的传播带来了前所未有的机遇和挑战。首先，与电视、网络等媒体机构的合作，可以将原本局限于校园内的体育赛事推向更广泛的受众群体。这种合作不仅使赛事的覆盖面更广，而且通过各种媒体平台的传播，可以吸引更多的受众关注和参与。例如，网络媒体的兴起使得赛事的转播和报道可以实时、快速地传达给全球各地的观众。无论观众身处何地，只要有网络连接，他们都能随时随地观看比赛、获取赛事信息。这种便捷性是传统传播方式所无法比拟的。其次，通过媒体转播，观众可以更加便捷地获取赛事信息，从而增加对赛事的关注和兴趣。在观看比赛的过程中，观众不仅能够感受到比赛的紧张刺激，还能通过媒体报道了解赛事背后的故事、参赛选手的背景等丰富的内容。这种全面的信息呈现方式能够让观众更加深入地了解和感受体育赛事的魅力。此外，持续、高质量的转播报道还能培养观众的忠诚度，使他们对赛事产生持续的关注和热情。媒体机构的专业报道和解说还可以为观众提供更加深入、专业的赛事分析，帮助观众更好地理解比赛、提高观赏体验。同时，媒体机构还能够通过各种互动形式，如在线投票、实时评论等，让观众参与赛事，增强他们的归属感和参与感。

多元化的传播渠道为体育赛事的传播带来了巨大的机遇。通过与媒体机构的紧密合作，我们可以将体育赛事推向更广泛的受众群体，增强观众黏性，为体育事业的发展注入新的活力。在未来，随着科技的进步和媒体形态的不断创新，我们有理由相信体育赛事的传播将会迎来更加美好的明天。

2. 吸引观众与广告商参与

观众数量的增加：随着媒体转播技术的不断发展，赛事的传播范围得以进一步扩大。传统的电视转播已经突破了地域和时间的限制，使得更多的人可以实时观看比赛。在网络媒体的推动下，社交媒体、直播平台等新兴传播方式更是将赛事带入千家万户。这种广泛的传播不仅吸引了更多的观众关注赛事，还极大地提高了赛事的知名度。

对于广告商而言，大规模的观众群体意味着无限的市场潜力。随着观众数量的增加，广告商自然会看到其中的商业价值，纷纷寻求与赛事的合作机会。他们可以在赛事转播过程中投放广告，借助赛事的高曝光率来提升品牌知名度和产品销售量。这种合作模式既为广告商提供了一个展示品牌和产品的大舞台，也为赛事的商业化运作注入了强大的动力。

广告商的合作机会：与赛事的合作对于广告商而言是一个双赢的机会。一方面，广告商可以通过赛事转播将自己的品牌和产品展示给大量潜在的消费者；另一方面，赛事方也可以通过广告商的投资获得必要的资金支持，进一步推动赛事的发展。

这种合作模式的成功运作，为赛事的市场化进程提供了强大的推动力。随着越来越多的广告商加入赛事合作，赛事的商业化程度逐渐加深，市场影响力也逐渐扩大。这不仅有助于提升赛事的整体水平，也为广告商提供了更加广阔的商业空间。

这种赛事转播与媒体合作的模式为赛事的商业化运作注入了强大的动力，推动了赛事的市场化进程。在未来，随着技术的不断进步和市场需求的不断变化，相信这种合作模式将继续发挥其独特的优势，为赛事和广告商带来更多的商业机会与发展空间。

3. 提升高校形象与品牌价值

在当今信息爆炸的时代，高校品牌形象的塑造对于吸引优质生源、提高社会影响力以及推动学校发展等方面具有至关重要的作用，而广泛的媒体报道和转播无疑是塑造高校品牌形象的关键手段之一。首先，通过媒体报道和转播，高校的体育赛事和活动能够得到更广泛的传播，从而提高学校的知名度和美誉度。例如，当人们看到某高校在体育赛事中表现出色，并取得优异成绩时，他们自然会对这所学校产生兴趣和好感，进而提高学校的声誉和影响力。这种正面的曝光不仅有助于吸引更多的优秀学生报考该校，还有助于提升学校的整体形象和社会地位。其次，与媒体的紧密合作有助于高校向社会展示其在体育领域的实力和成果，从而获得社会的认可和尊重。通过媒体报道，高校可以将自身的体育精神和文化传递给更广泛的社会群体，使更多的人了解、认可并尊重学校的努力和成就。这种社会认可度对于高校的长远发展和社会地位的提升具有重要意义，不仅如此，它还能够为学校带来更多的资源和机会。因此，为了充分利用媒体报道和转播的优势，高校需要与各类媒体建立紧密的合作关系，如电视台、广播电台、报纸、网络等。同时，高校还需要注重自身的体育文化建设，提高自身的实力和竞争力，以吸引更多的媒体关注和报道。最后，高校还可以通过举办各种体育赛事和活动，提高自身的知名度和影响力，进一步加强品牌形象的塑造。广泛的媒体报道和转播对于塑造高校品牌形象具有至关重要的作用。通过与媒体的紧密合作和自身的努力，高校既可以提升知名度和美誉度，又能增强社会认可度，从而为学校的长远发展奠定坚实的基础。

总之，赛事转播与媒体合作对于扩大高校体育赛事的影响力和覆盖面具有不可替代的作用。这种合作模式不仅能够迅速提升赛事的知名度和影响力，吸引更多的观众和广告商参与，还能有效提升高校的形象和品牌价值。因此，对于高校而言，积极寻求与媒体机构的合作，是推动体育赛事发展、提升学校整体形象的重要途径之一。

（三）门票销售与衍生品开发

随着体育产业的快速发展，体育赛事已经不仅是一场简单的比赛，更是一个综合性的经济活动。特别是在大型或知名的体育赛事中，门票销售和衍生品开发已经成为重要的盈利方式，为高校带来了可观的经济收益，同时提升了赛事的品牌价值和社会影响力。

1. 门票销售：直接的经济效益

在举办大型或知名的体育赛事时，门票销售往往是不可或缺的收入来源。它不仅为赛事的筹备和运营提供了必要的经济支持，还是高校迅速回笼资金的重要途径。因此，如何有效地进行门票销售，以及制定合理的票价策略，成为高校必须认真考虑的问题。门票销售对于体育赛事的成功举办至关重要。一场大型体育赛事需要大量的资金投入，包括场地租赁、设备购置、安保措施、人员工资等多个方面，而门票销售则是高校回收成本、实现盈利的重要手段之一。只有当门票销售达到一定规模时，高校才能够弥补赛事成本，并为下一次赛事的举办积累资金。而赛事的规模和知名度对门票销售有着直接的影响。一般来说，大型、知名的体育赛事由于观众基数大、关注度高，门票销售通常非常火爆。在这种情况下，高校可以根据市场需求和赛事成本制定合理的票价策略，以确保收益最大化。例如，可以设置不同档次的票价，以满足不同层次观众的需求，或者通过推出团体票、家庭套票等优惠措施来吸引更多观众购票。此外，门票销售的成功还取决于高校的市场营销策略。高校可以通过多种渠道进行门票宣传和推广，如校园海报、官方网站、社交媒体等；还可以与第三方票务平台合作，扩大门票的销售渠道和知名度。通过这些方式，高校可以吸引更多观众前来观看比赛，提高门票销售收入。

总之，门票销售是大型或知名体育赛事的重要收益来源之一。高校应充分认识到其重要性，并根据赛事规模、知名度、市场需求等因素制定合理的票价策略和市场营销策略。通过科学的管理和有效的推广，高校可以确保门票销售的成功，为体育赛事的举办奠定坚实的经济基础。

2. 衍生品开发：延伸价值链与增强观众参与

丰富产品种类：衍生品开发在体育赛事经济中占据着举足轻重的地位。通过设计和生产与赛事相关的纪念品、运动装备等，高校不仅能够延伸赛事的价值链，更能创造更多的经济效益。这些衍生品不仅是观众支持和回忆的载体，更是他们展示对赛事热爱和认同的标志。从精美的纪念品到实用的运动装备，每一件衍生品都融入了赛事的独特魅力和精神内涵，让观众在日常生活中也能感受到赛事的激情与活力。

提升观众参与度和忠诚度：衍生品所承载的情感价值对于提升观众参与度和忠诚度具有不可忽视的作用。当观众购买和佩戴与赛事相关的衍生品时，他们不仅获得了物质上的满足，更在精神上与赛事产生了紧密的联系。这种情感连接让观众更加积极地参与赛事，并为赛事的成功举办贡献力量。同时，观众的忠诚度也得到了显著提高，他们更愿意长期关注和支持赛事，成为赛事发展的重要推动力量。

为了更好地满足观众的需求和提高衍生品的吸引力，高校在设计和生产衍生品时需要注重品质和创新。品质是衍生品的生命线，只有高品质的衍生品才能赢得观众的信任和支持。创新则是衍生品发展的不竭动力，通过创新设计和技术手段，高校可以打造出更具特色和个性化的衍生品，满足不同观众的口味和需求。此外，高校还可以通过合作与授权等方式拓展衍生品的开发渠道。例如，与知名品牌或设计师的合作不仅可以提高衍生品的知名度和影响力，还能为高校带来更多的商业机会和经济收益；通过授权给第三方开发商，高校可以将精力集中在赛事本身的运营和发展上，实现资源的最优配置。

衍生品开发作为体育赛事经济的重要组成部分，对于丰富产品种类、提升观众参与度和忠诚度具有重要意义。因此，高校应重视衍生品的设计和生产，注重品质和创新，积极拓展开发渠道，以实现体育赛事经济的持续发展。此外，高校还要不断优化和完善衍生品开发策略，以满足不断变化的市场需求和观众口味，保持赛事的竞争力和吸引力。只有这样，体育赛事经济才能在激烈的市场竞争中立于不败之地，为高校和社会创造更多的价值与效益。

3.品牌建设与市场拓展

在当今市场竞争激烈的环境下，品牌建设对于高校体育赛事的发展至关重要。通过门票销售和衍生品开发，高校可以进一步加强赛事的品牌建设，提升品牌在市场中的认知度和影响力。首先，门票作为观众进入赛事现场的凭证，是赛事品牌形象的重要载体。独特的门票设计能够吸引观众的眼球，提升赛事的知名度和美誉度。例如，门票设计可以采用特色图案、赛事标志、吉祥物等元素，将赛事的特点和品牌形象融入其中，使门票成为赛事品牌传播的有力工具。其次，衍生品开发也是品牌建设的重要手段。精美的衍生品，如纪念品、服装、玩具等，不仅能够满足观众的收藏和纪念需求，还可以成为赛事品牌的标识，扩大品牌的影响力。例如，可以设计具有赛事特色的衍生品，如纪念T恤、吉祥物玩偶等，让观众在日常生活中也能感受到赛事的品牌魅力。随着赛事品牌价值的提升，高校可以进一步拓展市场，吸引更多的赞助商和合作伙伴。这些合作伙伴的加入又可以为赛事带来更多的资源和资金支持，推动赛事向更高层次发展。同时，与合作伙伴的联合推广也能进一步扩大赛事品牌的影响力，提升品牌在市场中的地位。

通过门票销售和衍生品开发来强化品牌建设，是高校体育赛事发展的重要途径。它不仅可以提升品牌认知度和影响力，还可以进一步拓展市场，吸引更多的合作伙伴和资源支持。因此，在未来发展中，高校应注重品牌建设，不断优化门票设计和衍生品开发，以提升赛事的品牌价值和市场竞争力。门票销售和衍生品开发对于大型或知名的体育赛事也具有重要意义。它们不仅能为高校带来直接的经济收益，还能延伸赛事的价值链，增强观众对赛事的认同感和参与度。因此，高校在举办体育赛事时，应充分重视门票销售和衍生品的开发，并制定合理的策略，以最大化其经济效益和品牌价值。

（四）校企合作与产业链整合

校企合作与产业链整合已经成为现代体育赛事发展的重要趋势。这种模式通过有效地结合高校的理论优势、科研实力和企业的市场经验、技术资源，共同推动体育赛事的专业化、市场化和产业化进程，实现双方共赢和体育赛事品质的提升。

1. 资源整合：优势互补，共创高品质赛事

高校资源优势：高校作为教育和科研的高地，拥有得天独厚的资源优势。首先，高校汇聚了大量的学术资源，如丰富的图书资料、先进的实验设备以及各种科研成果。这些资源为体育赛事提供了坚实的理论基础和技术支持，使赛事更具专业性和科学性。其次，高校拥有庞大的人才储备。高校的教师和学生都是各自领域的精英，他们具备深厚的学术背景和专业技能，为体育赛事提供了丰富的人才保障。无论是赛事策划、组织管理还是具体的比赛项目，高校人才都能发挥关键作用。

企业资源优势：与高校相比，企业在体育赛事中的资源优势主要体现在市场运作和商业化运营方面。企业通常拥有雄厚的资金实力，能够为赛事提供充足的经费支持，确保赛事的顺利进行。此外，企业在市场运营方面具备丰富的经验。他们了解市场需求、消费者心理以及品牌推广策略，能够为体育赛事提供有效的市场推广和商业模式创新的支持。企业的这种资源优势有助于提高赛事的知名度和影响力，能吸引更多赞助商和观众参与其中。

资源整合效应：高校和企业虽然各有优势，但通过校企合作可以形成强大的资源整合效应。高校的专业性和学术性可以弥补企业在理论方面的不足，而企业的市场运作经验和资金实力则能弥补高校在商业化运作方面的短板。通过资源整合，可以实现资源共享、优势互补，提升体育赛事的整体品质。同时，资源整合还有助于降低运营成本、提高赛事的经济效益和社会效益，

这对于推动体育事业的发展具有重要意义。

高校和企业在体育赛事中各自具备独特的资源优势。通过校企合作，可以充分发挥各自的优势，并实现资源的有效整合。这有助于提升体育赛事的专业性和品质，推动体育事业的发展。

2. 产业链构建：形成完整链条，实现资源共享

体育赛事的成功举办是一个复杂而系统的工程，它涉及多个环节，包括赛事策划、组织、宣传、商业合作、衍生品开发等。这些环节相互关联、相互影响，共同构成了体育赛事的完整产业链。在这个产业链中，每个环节都不可或缺，只有通过有效的整合才能使整个赛事顺利进行。产业链整合可以优化资源配置，并提高整体运营效率。通过整合上下游资源，各个环节能够形成一个紧密的有机整体，从而相互协作，共同推动赛事的发展。这既可以避免资源的浪费和重复投入，又能降低运营成本，提高整个赛事的效益。以体育赛事的宣传为例，通过整合媒体资源，可以实现更广泛的宣传覆盖。媒体与赛事组织者之间的紧密合作，可以使赛事的宣传更加精准、高效，从而吸引更多的观众关注和参与。这不仅可以提升赛事的知名度和影响力，还能为赛事带来更多的商业合作机会。在产业链整合的过程中，高校和企业也可以实现资源共享和互利共赢。高校在人才和技术方面具有优势，可以为企业提供有力的支持；而企业则拥有丰富的市场资源和资金实力，可以为赛事的成功举办提供保障。双方通过紧密合作，共同打造高品质的体育赛事，来推动整个体育产业的健康发展。

产业链整合在体育赛事中具有至关重要的作用。只有通过有效的整合，才能使各个环节形成一个有机的整体，并共同推动赛事的成功举办。同时，高校和企业之间的资源共享和互利共赢也是产业链整合的重要体现，它有助于推动整个体育产业的健康发展。

3. 推动专业化发展：提升赛事品质，促进市场化进程

随着体育产业的蓬勃发展，体育赛事的专业性和品质越来越受到市场的关注。在这个背景下，校企合作与产业链整合成为推动体育赛事专业化发展的重要途径。首先，专业化的赛事能够满足观众日益增长的多元化观赏需求。在当今社会，观众对于体育赛事的观赏需求已经不仅是简单的比赛过程，而且是追

求更加专业、更加精彩的比赛内容和形式。因此，通过专业化的赛事运作，可以为观众提供更加丰富多彩的比赛内容、更加专业的比赛场馆和更加完善的观赛体验，从而满足观众的多元化需求。其次，专业化的赛事能够提高赛事的整体品质和市场竞争力。在体育赛事的竞争市场中，品质和竞争力是关键。通过校企合作与产业链整合，可以充分利用高校和企业各自的优势资源，实现资源共享、优势互补，从而提高赛事的组织效率、比赛水平和市场竞争力。同时，专业化的赛事还可以通过引入更多的科技手段和创新模式为观众带来更加新颖、更加独特的观赛体验，从而吸引更多的观众和市场份额。此外，专业化的赛事还有助于提升高校和企业的品牌形象和市场价值。在赛事的策划、组织和执行过程中，高校和企业也可以充分展示自己的实力和特色，提升自身的品牌形象和市场价值。同时，通过与专业化的赛事合作，高校和企业还可以拓展自己的业务范围和市场份额，以实现自身的可持续发展。

体育赛事的专业化发展对于满足市场需求、提高赛事品质和竞争力、提升品牌形象和市场价值等方面都具有重要的意义。因此，我们应该积极推动校企合作与产业链整合，以促进体育赛事的专业化发展，并为体育产业的繁荣作出更大的贡献。

4. 经济效益与社会效益的提升

经济效益的显著增强：体育赛事通过校企合作与产业链整合，可以实现经济效益的显著提升。校企双方可以共同投入资源和技术优势，并优化运营流程，以降低不必要的成本，从而提高整体的收益水平。此外，专业化的赛事组织和运营还可以吸引更多的赞助商和观众参与，进一步扩大收入来源，提高赛事的盈利水平。举例来说，某高校与一家体育公司合作，共同举办了一场校园体育赛事。通过资源整合和专业化的运营，赛事吸引了大量观众和赞助商的参与，这不仅提高了赛事的知名度和影响力，还为双方带来了可观的经济收益。

社会效益的显著提升：除了带来经济效益外，校企合作与产业链整合还能带来显著的社会效益。高品质的体育赛事能够丰富校园文化生活，提升学生身体素质和精神风貌，培养学生的团队精神和协作能力。同时，它也有助于推动体育产业的健康发展，为社会创造更多的就业机会和经济效益。例如，某高校与当地政府和体育组织合作，共同举办了一场社区体育赛事。赛事不仅吸引了大量观众参与，还带动了周边商业的发展，提高了社区居民的生活质量。这种合作模式实现了社会效益和经济效益的有机结合，为推动当地经济和社会发展作出了积极贡献。

总之，校企合作与产业链整合对于体育赛事的开展具有重要意义。这种合作模式不仅可以提高赛事的经济效益，还能带来显著的社会效益。校企合作与产业链整合也是推动体育赛事专业化、市场化和产业化的关键路径。通过这种合作模式，高校和企业可以实现资源整合、优势互补和互利共赢的目标，共同推动体育赛事品质的提升和体育产业的快速发展。

第四章 高校体育人才培养

人才培养目标

一、专业技能培养

（一）运动技能培养

运动技能培养是体育教育的核心，其目标是通过系统化、科学化的训练方法，使学生达到熟练掌握和运用各种运动技能的水平。

1. 基础技能培养

基础技能培养在体育教学中的重要性：基础技能培养是体育教学中不可或缺的一部分，它为学生提供了坚实的技能基础，并有助于他们在未来的运动生涯中取得更好的成绩。

跑步技能的培养：跑步是许多运动项目的基础，因此，掌握正确的跑步技能至关重要。在体育教学中，教师应该注意以下几点。

姿势与呼吸：正确的跑步姿势可以减少不必要的能量消耗，并提高跑步效率。跑步时，学生应保持身体挺直、抬头、手臂自然摆动等。此外，呼吸方法也很重要，应通过鼻子和嘴巴同时呼吸，以提供足够的氧气。

步频与步幅：步频是指每分钟脚接触地面的次数，而步幅则是每一步的距离。学生通过调整步频和步幅，可以找到最适合自己的跑步节奏。

不同地形的适应：除了直线冲刺，学生还应学会在弯道、上坡、下坡等不同地形上有效跑步。

跳跃技能的培养：跳跃技能在多种体育项目中都有广泛应用，是体育教学的重要内容。因此，在训练时，应注重以下几点。

起跳技巧：起跳的瞬间是决定跳跃效果的关键。学生应学会如何快速而有力地蹬地，以获得最大的起跳速度。

空中姿态：在空中保持正确的姿态可以延长滞空时间，有助于完成更复杂的动作。例如，在篮球的跳投中，保持身体平衡和手臂稳定至关重要。

落地缓冲：安全落地同样重要。学生应学会在落地时使用适当的技巧来缓冲冲击力，以减少受伤的风险。

投掷技能的培养：投掷技能在棒球、垒球、标枪等项目中非常关键。因此，在训练时，应关注以下几点。

准确性：投掷的准确性是最重要的。学生应学会通过调整手臂角度和力量来控制投掷的方向和距离。

力量与爆发力：投掷需要足够的力量和爆发力。通过力量训练和技术练习，学生可以逐渐提高投掷的远度和速度。

技巧与策略：不同的投掷项目需要不同的技巧和策略。例如，在棒球中，投手需要掌握不同的球路和变化球来迷惑对方击球员。

基础技能培养是体育教学的基础和核心。因此，通过系统地训练学生的跑、跳、投等技能，可以为他们打下坚实的运动基础，并有助于他们在未来的运动生涯中取得更好的成绩。

2. 高级技能培养

高级技能培养在篮球教学中的应用：高级技能培养是体育教学的重要组成部分，它在篮球这样的团队运动项目中尤为重要。因此学生在掌握了基础技能之后，还需要进一步提升和精细化技能，以适应更高水平的比赛和更复杂的战术要求。

复杂的运球技巧：运球是篮球运动中基本的技能之一，但高级的运球技巧可以显著提升运动员在比赛中的表现。在高级阶段，学生需要学习和掌握更加复杂与细腻的运球技巧，如：

交叉运球：通过快速交替使用双手运球迷惑防守者，创造突破机会。

背后运球：将球从背后绕过，改变运球方向，用于突破或躲避防守。

组合运球：结合多种运球技巧，创造出独特的运球方式，提升控球的稳定性和变化性。

这些高级运球技巧的训练需要结合速度和力量的练习，以及在实战场景中模拟防守压力，让学生能够在比赛中自如地运用这些技巧。

精确的投篮技术：投篮是篮球比赛中的得分手段，精确的投篮技术是运动员必备的技能之一。在高级技能培养中，投篮技术的训练需要更加精细化和个性化，具体包括以下三个方面。

跳投：在起跳的同时投篮，以增加投篮的高度和远度。

勾手投篮：利用手腕和手指的力量，将球以高弧线投出，适用于近距离投篮。

三分投篮：在三分线外进行远距离投篮，需要更高的准确性和力量。

为了提升投篮的准确性，学生需要进行大量的重复练习，并要在不同条件下进行模拟比赛场景的投篮训练。此外，通过视频分析和数据反馈，学生可以更直观地了解自己的投篮技术，并进行针对性的改进。

团队战术：篮球是一项团队运动，其团队合作和战术执行至关重要。因此，在高级技能培养中，学生需要学习如何与队友配合，执行各种战术，如：

快攻：利用速度和快速传球打破对方防守，从而创造得分机会。

联防：通过紧密的防守合作，以限制对方的进攻空间和传球路线。

挡拆：通过队友的掩护和移动，创造出空位投篮或突破的机会。

团队战术的训练需要学生具备良好的团队意识和沟通能力。通过战术演练、模拟比赛和实战对抗等方式，学生可以逐渐熟悉并掌握各种战术的精髓和应用方法。

高级技能培养是篮球教学中不可或缺的一部分。通过系统地训练学生的复杂运球技巧、精确投篮技术和团队战术执行能力，可以为他们打下坚实的篮球基础，并提升他们在比赛中的表现水平。

3.持续训练与反馈

运动技能的培养是一个长期、持续的过程，需要进行有计划、有针对性的训练，以及适时的反馈和调整。

定期评估：定期评估是体育教学中不可或缺的一部分。通过定期评估，教师可以了解学生的技能水平、身体素质和进步情况，从而及时调整训练计划，确保训练的科学性和有效性。评估可以采用多种形式，如技能测试、体能测试、比赛表现等。

个性化训练：每个学生的身体素质、技能水平和学习能力都有所不同，因此，制订个性化的训练计划至关重要。个性化训练可以根据学生的实际情况和需求，制订针对性的训练方案，从而最大限度地发挥学生的潜力。例如，对于某些技能掌握较慢的学生，可以增加基础技能的训练时间和强度；对于已经具备一定基础的学生，可以引入更高级的技能和战术训练。

及时反馈：及时反馈是体育教学中至关重要的环节。在训练过程中，教练应时时观察学生的表现，发现他们在技能执行上的问题，并及时给予反馈。反馈应具体、明确，并针对学生的问题提供改进建议和方法。通过及时反馈，学生可以及时了解自己的不足和进步，以便调整训练策略，提高训练效果。

心理辅导：除了身体训练和技能培养外，运动员的心理素质也同样重要。在竞争激烈的体育比赛中，运动员良好的心理素质往往能够决定比赛的胜负。因此，教练应适时关注学生的心理变化，及时提供必要的心理辅导和支持。心理辅导可以帮助学生建立自信、培养坚韧不拔的意志品质、学会应对压力和挫折等。通过心理辅导和身体训练的有机结合，可以全面提升学生的运动表现和竞技水平。

持续训练和及时反馈是体育教学中不可或缺的环节。通过定期评估、个性化训练、及时反馈和心理辅导等手段，可以帮助学生建立正确的训练观念，采用正确的训练方法，提高他们的技能水平和综合素质，为他们在未来的运动生涯中取得更好的成绩打下坚实的基础。

（二）理论知识学习

理论知识在体育教育中的地位不可或缺。它为学生提供了对运动技能的深入理解和背景知识，有助于他们更加高效地学习和掌握技能。

1. 学科基础知识

运动解剖学，是在正常人体解剖学基础上研究体育运动对人体形态结构产生的影响及其规律的一门新兴学科，它细致地剖析了骨骼、肌肉、关节等身体结构的运动机制，使我们对身体的运动有了更深入的了解。通过学习运动解剖学，我们可以明确地知道在进行各种运动或技能时，哪些身体部位会参与其中，以及如何最有效地使用它们。这在提高运动表现、预防运动损伤等方面具有重大的指导意义。与此同时，运动生理学则专注于研究身体在运动过程中的生理功能反应和适应。它涵盖了能量代谢、肌肉收缩、心肺功能等多个方面，为我们揭示了身体在运动时的生理变化。通过学习运动生理学，我们可以了解如何根据这些变化调整训练计划和营养摄入，以达到最佳的运动表现。这为运动员和健身爱好者提供了科学的训练指导，使他们能够更好地掌控自己的身体。这些基础学科不仅为我们提供了对运动的全面理解，更为我们未来的职业发展打下了坚实的基础。无论是想要成为教练、体育科研人员，还是希望在运动领域有所建树的人，都需要对这些基础学科有深入的了解。通过学习运动解剖学和运动生理学，我们可以更好地指导他人进行科学合理的运动，也可以为运动员制订更为个性化的训练计划，提高他们的运动表现。运动解剖学和运动生理学作为基础学科，为我们提供了对人体运动的深度解读。通过学习这些学科，我们可以更好地理解身体的运动机制，为未来的职业发展打下坚实的基础。

2. 应用实践

单纯的理论知识学习对于运动科学领域的学生来说是远远不够的，如果不能将其与实际应用相结合，那么它的价值将大打折扣。为了使学生能够更好地理解和应用所学知识，本研究提出建议：首先，实验是验证和应用理论知识的重要手段。学生可以通过参与或设计实验来观察和探究运动过程中的各种现象。例如，他们可以测量不同运动强度下的心率、血氧饱和度等生理指标，分析这些数据并观察它们如何受到运动强度的影响。通过实验，学生可以亲身体验到理论知识的实际应用，并培养自身的观察力和实验技能。其次，案例分析也是一种将理论知识与实际情境相结合的方法。学生可以选择一些典型的运动案例，如对优秀运动员的训练计划和比赛表现进行分析和学习。通过研究这些案例，学生可以了解实际运动过程中可能遇到的各种问题和挑战，以及如何运用理论知识来解决这些问题。这不仅可以帮助学生更好地理解理论知识，还可以提高他们分析和解决问题的能力。最后，反思与实践也是将理论知识转化为实际应用的关键步骤。应鼓励学生在训练过程中积极应用所学的理论知识，并进行反思和调整。例如，学生在学习了运动生理学后了解到某种训练方法可以提高肌肉力量，他们会尝试将这种方法融入自己的训练计划，并仔细观察其效果。通过不断的反思和尝试，学生可以更好地理解理论知识，并找到适合自己的训练方法。通过实验、案例分析和反思与实践等手段，学生可以更好地将理论知识与实际应用相结合。这不仅可以加深他们对理论知识的理解，还可以提高他们的实践能力和创新思维。因此，作为教育者，我们应鼓励学生积极参与这些实践活动，并培养他们的实际应用能力。

3.教学方法与手段

为了使学生更好地吸收和应用理论知识，教师在体育教学中可以采用多种教学方法和手段。首先，互动式教学是一个很好的选择。教师应该鼓励学生提问、讨论和分享观点，创造积极、开放的学习氛围。这样不仅能激发学生的学习兴趣，还能培养他们的思维能力和表达能力。其次，多媒体教学也是一个值得利用的手段。在体育教学中，理论知识往往比较抽象，难以理解。利用视频、动画、图表等多媒体资源，可以使抽象的理论知识变得更加直观和易于理解。例如，通过观看专业比赛或训练的视频，学生可以更好地理解运动技巧和战术。再次，实地考察与观摩也是非常重要的教学方法。组织学生参观运动实验室、观看专业比赛或训练，让他们亲眼看到理论知识在实际中的应用。这样不仅可以加深学生对理论知识的理解，还能培养他们的观察能力和实践能力。最后，小组合作也是体育教学中常用的方法之一。通过分组进行项目研究和案例分析，可以培养学生团队协作和解决问题的能力。在小组合作中，学生可以互相学习、互相帮助，共同进步。

理论知识的学习是运动技能培养的重要组成部分。只有将理论与实践相结合，学生才能全面发展，成为既有技能又有理论素养的体育人才。因此，教师在体育教学中应该注重理论知识的传授和实践能力的训练，通过多种教学方法和手段来提高学生的综合素质。

（三）竞赛与裁判能力培养

竞赛与裁判能力是体育教育中的重要组成部分，它不仅有助于提高学生的竞技水平，还能培养他们的组织、协调和沟通能力。

1.竞赛参与

竞技压力体验：在参与竞赛的过程中，学生将直面竞技的压力和紧张氛围，这是日常训练中难以完全模拟的。这种独特的经历能够帮助学生锻炼心理素质，让学生学会在压力下保持冷静和专注，是其个人成长中不可或缺的一部分。通过不断参与竞赛，学生将逐渐适应竞技环境，增强应对压力的能力，为未来的挑战做好准备。

技能应用与提升：竞赛为学生提供了一个展示和提升运动技能的舞台。在比赛中，学生会遇到各种不可预测的情况，需要灵活运用所学技能来应对。这种实战中的考验不仅能够检验学生的技能水平，而且能够促使他们在实践中不断反思和改进。通过反复参与竞赛，学生将逐渐完善自己的技能体系，提高运动表现，为未来的竞技生涯打下坚实的基础。

团队精神与合作：参与团队竞赛有助于培养学生的团队精神和合作意识。在比赛中，学生需要学会与队友沟通、协作，共同为团队的胜利而努力。这种团队合作的体验能够帮助学生认识到团队的力量，学会在集体中发挥个人作用，增强团队协作能力。通过与队友的默契配合和共同努力，学生之间也能建立起深厚的友谊，培养出团结协作的精神，为未来的工作和生活做好准备。

参与竞赛对于学生来说具有多方面的积极影响。它不仅能让学生感受到竞技的压力和紧张氛围，还能锻炼其心理素质，提升运动技能，培养学生的团队精神和合作意识。因此，我们应该鼓励学生积极参与竞赛，通过实践来不断提升自己的能力，为未来的挑战做好准备。

2. 裁判技能培养

要成为一名出色的裁判，就要深入了解比赛规则，掌握裁判技巧，并培养公正的态度。

首先，裁判需要全面熟悉比赛规则。裁判对所负责的体育项目需要深入研究比赛规则，包括得分标准、犯规界定、比赛流程等，只有对规则了如指掌，才能确保比赛的公正和顺利进行。为了更好地理解和应用规则，裁判可以通过阅读官方规则文档、观看比赛录像、参与裁判培训等方式来不断提升自己的规则理解能力。其次，裁判需要掌握各种裁判技巧。除了了解规则之外，裁判还需要学习并掌握观察、判断、沟通等技巧。这些技巧对于确保比赛的准确性和流畅性至关重要。例如，裁判需要具备敏锐的观察力，以便及时发现并处理比赛中的违规行为；同时，良好的判断能力能够帮助裁判在关键时刻作出正确的决定；与球员、教练和观众的良好沟通能力可以确保比赛过程中的信息传递准确无误。最后，裁判需要培养公正的态度。在比赛中，裁判需要秉持公正、公平的原则，不偏袒任何一方。公正的态度是确保比赛公平的基础。通过裁判实践，学生可以逐渐培养自己的公正意识，学会在复杂情况下保持中立和客观。为了维护公正性，裁判还需要不断提升自己的职业道德水平，严格遵守裁判行为准则，以树立良好的形象和信誉。总之，要成为一名优秀的裁判，需要全面了解比赛规则、掌握裁判技巧并培养公正的态度。通过不断学习和实践，裁判可以提升自己的专业水平，为比赛的顺利进行和公平竞争作出贡献。

3. 赛事组织能力培养

赛事筹备：学生参与赛事筹备工作，如场地布置、设备检查、参赛人员登记等，是很好的锻炼计划和组织能力的机会。通过亲身参与赛事筹备，学生可以学习如何合理规划时间和资源，以确保各项任务按时完成。这不仅有助于提升他们的组织协调能力，还有助于培养他们的责任心和团队合作精神。

宣传与推广：学生参与到赛事的宣传和推广工作中，可以深入了解如何吸引观众，以及提高比赛的知名度和影响力。通过实践，他们可以学习如何运用各种宣传手段，如社交媒体、广告、公关等，有效地推广赛事。此外，他们还可以学习如何与媒体沟通，提高赛事的曝光度。

后勤保障：赛事的后勤保障工作同样重要，包括为参赛人员和观众提供餐饮、住宿、交通等服务。通过参与后勤保障工作，学生可以学习如何提供优质的服务和管理资源。他们可以了解如何处理突发状况，提升应对紧急情况的能力。此外，他们还可以学习如何进行有效的资源管理和分配，以保证各项服务顺利进行。

通过竞赛参与、裁判技能培养和赛事组织能力培养这三个方面的综合训练，学生可以全面提升自己的竞技水平和综合素质。这不仅有助于他们在未来的体育事业中取得更好的成绩，还可以为他们的职业生涯打下坚实的基础。无论他们将来从事哪个行业，这些宝贵的经验都将为他们提供持久的帮助和支持。

（四）体能训练与指导能力培养

体能训练是提升运动表现的基础，它对于每一位运动员和体育教育专业的学生来说都是至关重要的。而拥有指导他人进行体能训练的能力，则标志着学生已经从单纯的技能学习者转变为具备专业素养的教育者。

1. 体能训练方法

力量训练：力量训练是一种旨在增强肌肉力量和爆发力的锻炼方式。对于学生来说，掌握各种力量训练的方法和技巧至关重要，这不仅有助于其提高运动表现，还可以促进其身体健康。

举重是力量训练的基本形式之一，通过举起重物，可以刺激肌肉生长并增强力量；俯卧撑是一种简单易行的力量训练方法，能够锻炼胸大肌、肱三头肌等多个肌肉群；深蹲是一种锻炼腿部和臀部肌肉的有效方式，对于增强爆发力和提高全身力量具有显著效果。

除了自由重量训练，学生还需要学习各种器械的使用方法，如杠铃、哑铃、健身器械等。这些器械可以帮助学生在不同角度和方向上进行锻炼，从而全面提升肌肉力量。

耐力训练：耐力训练是通过有氧运动和间歇性训练来提高心肺功能和持续运动的能力。对于学生来说，保持良好的耐力水平对于日常活动、运动表现以及未来的健康都至关重要。

有氧运动是耐力训练的基本形式之一，如长跑、游泳、骑自行车等。这些运动可以增强心肺功能，提高氧气摄取和利用能力；间歇性训练则是一种结合高强度和低强度运动的方法，通过反复的冲刺和休息，可以提高身体的耐力和恢复能力。

柔韧性训练：柔韧性训练是增加关节活动范围和肌肉伸展性的重要手段。保持柔韧性有助于降低运动损伤的风险，提高身体的协调性和平衡性。

瑜伽是一种非常有效的柔韧性训练方式，通过各种姿势的练习，可以拉伸肌肉并增强关节的灵活性；拉伸练习也是一种简单易行的方法，它可以通过静态或动态拉伸来增加肌肉的伸展性。

在柔韧性训练中，应注意逐渐增加关节的活动范围和运动的幅度，避免过度拉伸和受伤。同时，结合力量训练和有氧运动可以全面提升身体的健康水平。

2. 制订个性化训练计划

制订个性化的训练计划是确保体能训练效果的关键。学生应当能够根据受训者的身体状况、运动经验和目标，制订合适的训练计划。这包括选择合适的训练方法、设定适当的训练强度和频率，以及安排合理的休息和恢复时间。

3. 指导能力

作为未来的体育教育人才，学生需要具备多方面的指导能力，以确保能够为受训者提供全面而有效的训练。

首先，学生需要具备评估能力，即能够准确评估受训者的身体状况和运动能力。这包括了解受训者的健康史、进行身体测试以及评估其运动技能等。评估能力的掌握对于制订适合受训者的训练计划至关重要。通过准确评估，学生可以为受训者量身定制合适的训练方案，从而避免因过度训练或训练不足而造成不必要的伤害。

其次，学生需要具备良好的沟通能力。在体育教育中，与受训者建立信任和理解是至关重要的。学生需要能够清晰地解释训练计划的目标和内容，以及每个训练动作的正确执行方式。此外，他们还应关注受训者的反馈，倾听其需求和意见，以便不断优化训练方案。良好的沟通能力有助于增强师生之间的互动，提高受训者的参与度和训练效果。

最后，学生还需要具备调整能力。在训练过程中，学生需要密切关注受训者的反应和进步，并根据需要灵活调整训练计划。这包括根据受训者的身体状况和训练效果，适时调整训练的强度、内容和顺序。调整能力的运用有助于确保训练的科学性和有效性，使受训者能够在安全的环境中逐步提升体能和技能。

体能训练与指导能力是体育教育专业学生的核心素质之一。通过掌握各种体能训练方法、制订个性化训练计划以及培养指导能力，学生可以为自己和他人提供科学、有效的体能训练支持，从而在体育领域取得更好的成绩和发展。

高校体育教育中的专业技能培养是一个综合性的过程，它涵盖了运动技能、理论知识、竞赛与裁判能力以及体能训练与指导能力等多个方面。这些能力的培养不仅有助于学生在体育领域取得杰出的成就，还能为他们未来的职业发展和教育事业打下坚实的基础。

二、创新思维培养

（一）创新意识培养

在快速发展的现代社会中，创新已经成为推动各个领域进步的核心动力。对于体育教育而言，培养学生的创新意识不仅有助于他们在运动技能和理论知识上取得突破，还能为体育事业的发展注入新的活力。

1.质疑精神

质疑精神是创新意识的基石。在体育教育中，我们应该鼓励学生勇于质疑现有的理论和方法，但这并不意味着对现有知识的全盘否定，而是一种对现有理论进行反思和批判的态度。通过质疑，学生可以发现问题、提出假设，并寻求更好的解决方案。这种不断追求进步的精神是推动体育事业发展的重要动力。

为了培养学生的质疑精神，教师可以采用以下方法。

鼓励提问：在课堂上，教师应该积极营造开放、包容的氛围，鼓励学生提出问题和质疑。学生的问题不仅是他们思考的表现，更是推动课堂讨论和知识探索的重要动力。因此，教师应认真对待学生的每一个问题，引导他们进行深入思考，培养他们的批判性思维和自主学习的能力。

案例分析：为了让学生更好地理解质疑在推动体育事业发展中的重要作用，教师可以引入一些具有争议性的案例或历史事件进行深入剖析。例如，可以选取某个体育项目中的重大争议事件，引导学生分析各方观点，探讨问题的本质和解决方案。通过这样的案例分析，学生可以了解质疑在推动体育事业发展中的关键作用，同时提高分析和解决问题的能力。

实践探索：除了理论学习，教师还可以鼓励学生在实践中尝试新的方法和技术，通过亲身体验来验证其理论和方法的可行性。实践是检验真理的唯一标准，学生在实践中发现问题并质疑，是推动他们深入研究和改进的重要动力。教师则可以为学生提供实践机会，如组织体育比赛、开展体育活动等，让学生在实践中感受到质疑和创新的重要性。

在体育教学中，鼓励学生提问、分析案例和实践探索是促进学生全面发展的有效途径。通过这些方法，学生可以培养批判性思维、提高分析和解决问题的能力，同时能在实践中感受到质疑和创新的重要性。这样的教学方式有助于培养出更多具有创新精神和实践能力的优秀体育人才。

2. 新技术、新理念的敏感性

随着科技的快速发展，新技术和新理念不断涌现，为体育领域带来了前所未有的机遇和挑战。培养学生对新技术、新理念的关注度和敏感性有助于他们迅速捕捉并应用这些新兴技术和理念，从而在未来的竞争中占据优势。

为提高学生的敏感性，教师可以采取以下措施：首先，关注前沿动态是至关重要的。教师应当定期向学生介绍体育领域的最新技术和理念，帮助他们了解行业发展趋势。通过引导学生关注前沿动态，可以让学生了解最新的科研成果、技术革新和先进理念，从而激发他们对体育领域的兴趣和好奇心。其次，鼓励学生实践应用也是提高敏感性的有效途径。教师可以鼓励学生尝试将新理念、新技术应用于实践，通过实际操作对其加深理解和掌握。这样不仅可以培养学生的动手能力，还能让他们在实践中发现问题、解决问题，提高对体育领域的敏感性和洞察力。最后，跨学科学习也是提高学生敏感性的重要方法。教师应当鼓励学生了解其他领域的知识和技术，拓宽视野，激发创新思维。通过跨学科学习，学生可以借鉴其他领域的思想和方法，将其应用于体育领域，从而发现新的可能性、创造新的价值。总之，为了提高学生的敏感性，教师需要采取关注前沿动态、鼓励实践应用、推动跨学科学习等多方面的措施。这些措施不仅可以帮助学生更好地了解体育领域的发展趋势、提高对新技术和新理念的敏感性和洞察力，还能培养学生的创新思维和解决问题的能力，使学生更好地适应未来体育领域的发展需求，成为具备高度敏感性和创新能力的优秀人才。

3. 好奇心驱动

好奇心是创新的源泉。激发学生的好奇心，鼓励他们探索未知的领域，有助于他们发现新的问题和机会，从而推动体育事业的发展。

激发学生的好奇心是教育的重要目标之一。好奇心是学生探索未知世界的动力，也是他们获得知识和技能的关键。为了更好地激发学生的好奇心，教师可以采用以下几种方法：

首先，设置悬念是引发学生好奇心的重要手段。在教学中，教师可以故意留下一些悬念或未解之谜，让学生对未知的事物充满好奇和求知欲。例如，在历史课上，教师可以讲述一些历史事件的背景，但隐藏一些关键细节，让学生自己通过查阅资料、讨论等方式寻找答案。这样可以引导学生自主学习、主动探索，培养他们独立思考和解决问题的能力。

其次，提供丰富的学习资源也是激发学生好奇心的关键。教师可以通过为学生提供各种学习资源，如图书、视频、网络资源等的方式，让学生能够自由地探索自己感兴趣的领域。这些学习资源可以帮助学生开阔视野、拓宽知识面，从而激发他们的好奇心和求知欲。同时，教师还可以根据学生的兴趣和特长，推荐一些相关的书籍、电影、网站等，引导学生深入了解自己感兴趣的领域。

最后，组织实践活动也是激发学生好奇心的重要途径。通过组织各种实践活动，如实地考察、社会调查、实验等，让学生有机会亲身体验和了解未知领域的知识和技能。这些实践活动可以帮助学生将理论知识与实际相结合，加深对知识的理解和掌握。同时，实践活动还可以培养学生的动手能力和创新精神，进一步激发他们的好奇心和求知欲。

激发学生的好奇心需要教师在教学中采用多种方法。通过设置悬念、提供丰富的学习资源和组织实践活动等手段，可以有效地激发学生的好奇心和求知欲，培养他们的自主学习和独立思考能力。

培养学生的创新意识是体育教育的重要任务之一。通过培养学生的质疑精神、提高他们对新技术和新理念的敏感性以及激发他们的好奇心，为学生打下坚实的创新基础，推动他们在体育领域中取得更大的成就。

（二）跨学科思维培养

在复杂多变的现代社会中，单一学科的知识已经难以应对各种复杂问题的挑战。因此，培养学生的跨学科思维，使他们能够整合不同领域的知识和方法，成为解决复杂问题的关键。

1.跨学科课程学习

要培养学生的跨学科思维，首先需要从课程设计上入手。传统的课程体系往往以单一学科为主，导致学生难以接触到其他领域的知识。因此，我们需要设计涵盖多个学科的课程，使学生能够接触到不同领域的知识和方法。在跨学科课程的设计中，可以采用多种方法来促进不同学科之间的融合。首先，整合课程内容是一个重要的手段。通过将不同学科的知识进行有机整合，可以形成综合性的课程内容，使学生更好地理解各个学科之间的联系。例如，在体育教育中，可以将运动生理学、心理学、营养学等相关学科的知识融入课程，使学生在学习体育技能的同时，也能够了解这些技能背后的科学原理。其次，引入案例分析也是促进跨学科融合的有效方法。通过分析涉及多个学科的案例，可以让学生了解不同领域的知识在实际问题中的应用。例如，在商业教育中，可以分析一家企业的经营案例，这涉及市场营销、财务管理、战略规划等多个学科的知识，从而使学生更加深入地理解这些知识在实际操作中的应用。最后，开展主题研讨也是跨学科课程设计的一个重要环节。通过围绕某一主题，引导学生从不同学科的角度进行研讨，可以促进知识的交叉融合。例如，在环境科学教育中，可以围绕全球气候变化这一主题，引导学生从地理、生物、化学等多个学科的角度进行分析和讨论。这样的研讨方式可以帮助学生形成更加全面和深入的认识。跨学科课程的设计需要综合考虑多种方法，包括整合课程内容、引入案例分析和开展主题研讨等。这些方法不仅可以促进不同学科之间的融合，还可以帮助学生更好地理解各个学科之间的联系，提高他们的综合素质和创新能力。在未来的教育发展中，跨学科课程的设计将成为越来越重要的趋势，对于培养具有综合素质和创新精神的人才具有重要意义。

2.项目实践

项目实践作为培养学生跨学科思维的有效途径，其重要性不言而喻。在课程学习之外，通过参与跨学科的项目实践，学生不仅可以将不同学科的知识进行融合，还能提高自身的综合运用能力，培养创新思维。组建跨学科团队是项目实践中的关键环节。鼓励学生从不同专业背景中挑选成员，共同完成项目任务，可以帮助学生从不同的视角审视问题，整合各自的专业知识。通过这种团队合作的方式，学生能够突破学科界限，增强沟通协作能力，激发创新灵感。

设定综合性目标是项目实践的重要导向。在设定项目目标时，应当充分考虑不同学科知识的交叉点，引导学生思考如何将不同领域的知识进行结合。这样可以促使学生主动去寻找学科间的联系，既培养了其跨学科思维能力，又提高了其解决实际问题的能力。提供实践支持对于项目实践的顺利进行至关重要。学校应当为学生提供必要的实验设备、数据资源等支持，确保他们能够顺利完成项目任务。此外，教师应当给予学生适当的指导与帮助，协助解决项目实践中遇到的问题。为了更好地发挥项目实践在培养学生跨学科思维中的作用，学校可以采取一系列措施。首先，加强学科间的交流与合作，促进知识融合与创新。其次，提高教师的跨学科教学能力，使其能够更好地指导学生进行项目实践。再次，建立跨学科项目平台，为学生提供更多的实践机会。最后，完善项目实践的评价机制，以更全面地反映学生的跨学科思维能力。

项目实践是培养学生跨学科思维的重要途径。通过组建跨学科团队、设定综合性目标、提供实践支持等措施，学校可以帮助学生将不同学科知识进行融合，提高其解决实际问题的能力。为了更好地发挥项目实践的作用，学校还需加强学科间的交流与合作、提高教师教学能力、建立跨学科项目平台以及完善评价机制等。通过这些措施的落实，我们可以培养出更多具备跨学科思维的高素质人才，为未来的社会发展作出贡献。

3. 多元视角

培养学生的多元视角是跨学科思维培养的重要方面。通过引导学生从多个视角看问题，可以使他们更全面、深入地理解问题，并找到创新性的解决方法。

在当今全球化的时代，教育已经不再局限于传统的课堂教学。为了培养具有国际视野和跨文化交流能力的优秀人才，教育者需要积极引入多元文化教育。通过让学生了解不同文化背景下的观念和价值观，能够拓宽他们的视野，增强其对不同文化的敏感性和包容性。为了实现这一目标，教育者需要采取一系列措施。首先，组织各种文化交流活动，如国际交流周、文化节等，让学生亲身感受不同文化的魅力。此外，教育者还可以利用多媒体资源，如电影、音乐、艺术等，向学生展示不同文化的特色和价值。其次，鼓励学生进行批判性思维。在传统的教学模式下，学生往往只是被动地接受知识，缺乏独立思考和判断能力。因此，教育者应引导学生对问题进行深入分析和批判性思考，不盲目接受现有观点，而是从多个角度审视问题。为了培养学生的批判性思维，教育者可以采用案例教学、讨论式教学等方式。这些教学方式能够让学生积极参与课堂讨论，表达自己的观点和看法，同时能让他们学会倾听和理解别人的观点。最后，为学生提供多样化的学习资源。在信息爆炸的时代，学生需要学会如何从海量信息中筛选出有价值的内容。因此，教育者应该为学生提供多样化的学习资源，如图书、期刊、网络资源等，让他们能够接触到不同领域的知识和信息。为了更好地为学生提供学习资源，教育者还可以建立学科资源库和在线学习平台。这些平台能够让学生随时随地访问各种学习资源，同时能让他们与其他学生进行交流和分享。

总之，为了培养出具有国际视野和跨文化交流能力的优秀人才，教育者需要积极引入多元文化教育、鼓励批判性思维、提供多样化的学习资源。这些措施能够帮助学生更好地适应全球化时代的需求，为未来的发展打下坚实的基础。跨学科思维培养是现代社会对人才的重要要求之一。通过跨学科课程学习、项目实践和多元视角的培养，我们可以帮助学生建立起跨学科的知识体系和思维方式，使他们能够更好地应对复杂问题的挑战。

（三）团队协作能力培养

在快速发展的现代社会中，团队协作已成为各个领域中不可或缺的工作模式。无论是学术研究、企业运营还是社会活动，团队协作都能够集思广益，共同解决问题，推动事业的发展。因此，培养学生的团队协作能力，对他们的未来成长和发展具有重要意义。

1.团队项目参与

鼓励学生参与团队项目是培养其团队协作能力的有效途径。通过参与团队项目，学生可以学习到与他人合作、沟通和协调的技巧与方法。在团队项目中，每个学生都需要承担一定的责任，并与团队成员共同努力完成项目目标。这样的经历能够帮助学生理解团队协作的重要性，并培养他们的责任感和集体荣誉感。

为了使学生更好地参与团队项目，本研究提出以下措施：

首先，明确项目目标。在团队项目开始之前，教师应当与学生共同确定项目的目标和计划。这样不仅可以确保每个学生都清楚项目的整体情况和自己的任务，还能帮助他们更好地理解项目的目的和价值。例如，在组织一个环保项目时，明确目标是减少校园垃圾，那么学生就能明白他们的任务是制订并实施一系列的环保措施。其次，合理分配任务。教师应该根据学生的能力、兴趣和特长，为他们分配适合的任务。这样可以确保每个学生都能在项目中发挥自己的特长，并提升他们的参与度和积极性。例如，对于善于组织和策划的学生，可以让他们担任项目负责人；对于善于沟通和协调的学生，可以让他们负责与团队成员的沟通和协调工作。再次，建立有效的沟通机制。在团队项目进行过程中，鼓励学生们定期交流项目进展和遇到的问题，共同商讨解决方案。这不仅可以提高团队成员之间的沟通和协作能力，还能帮助学生更好地应对挑战和解决问题。教师可以定期组织团队会议，鼓励学生分享自己的想法和意见，并为他们提供必要的指导和支持。最后，提供适当的培训和支持，帮助学生提高团队合作和沟通能力。例如，可以组织一些团队建设活动或开设沟通技巧培训课程，帮助学生更好地理解团队合作的重要性，以及如何有效地与他人沟通和协作。

为了使学生更好地参与团队项目，教师需要明确项目目标、合理分配任务、建立有效的沟通机制，并提供适当的培训和支持。这些措施不仅可以帮助学生更好地理解项目的要求和价值，还能提高他们的团队合作和沟通能力。

2. 多元化团队经验

学生在多元化的团队中工作，能够学会如何与不同背景的人有效合作。在多元化的团队中，每个学生都有自己独特的经验和视角，这有助于拓展团队的思维和创新能力。通过与不同背景的人合作，学生可以了解到不同的观点和方法，从而拓宽自己的视野。

为了提供多元化的团队经验，本研究提出以下措施。

组建多元化团队：在组建团队时，我们应注重团队的多样性，尽量选择具有不同背景、专业和经验的学生。这样可以使得团队成员之间的知识和技能形成互补，提高团队的创新能力。同时，这种多样性也有助于团队更好地理解和满足不同人群的需求，提高团队的竞争力。为了实现这一目标，我们可以采取以下措施：首先，在招募团队成员时，应该尽可能地扩大招募范围，积极吸引不同背景、专业和经验的学生加入团队。其次，在团队工作中，鼓励团队成员积极分享自己的经验和观点，促进团队成员之间的相互了解和信任。这样可以使得团队成员之间的交流更加顺畅，提高团队的协作效率。

鼓励交流分享：在团队工作中，交流和分享是非常重要的。只有通过充分的交流和分享，才能够促进团队成员之间的相互了解和信任，提高团队的协作效率。因此，我们应该鼓励学生在团队中积极分享自己的经验和观点，同时应创造良好的交流氛围，使团队成员愿意表达自己的想法和意见。为了实现这一目标，我们可以采取以下措施：首先，定期组织团队会议，让每个团队成员都有机会发表自己的观点和想法。其次，鼓励团队成员之间的私下交流，让彼此之间的了解更加深入。此外，还可以通过一些团队活动来促进团队成员之间的交流和互动，如聚餐、旅行等。

举办团队建设活动：定期组织团队建设活动，如团队拓展训练、文化交流活动等，可以增进团队成员之间的友谊和合作。通过这些活动，可以让团队成员更好地了解彼此，提高团队的凝聚力。同时，这些活动也有助于提升学生的团队协作能力和沟通能力。为了实现这一目标，我们可以采取以下措施：首先，选择适合团队建设的活动，如户外拓展、文化交流等。其次，在活动中，应该注重活动的组织和安排，确保活动的顺利进行。最后，在活动结束后，应该及时进行总结和反思，以便更好地提高团队的协作效率。

组建多元化团队、鼓励交流分享、举办团队建设活动是提高团队协作效率的重要措施。这些措施的实施可以使得团队成员之间的合作更加紧密、顺畅，提高团队的竞争力。同时，这些措施也有助于提高学生的团队协作能力和沟通能力，为未来的职业发展打下坚实的基础。

3. 集体智慧利用

通过团队协作，学生可以学会利用集体智慧，共同创新并解决问题。在团队协作中，每个学生都可以贡献自己的想法和创意，然后通过集体讨论和协作，形成更全面、更具创新性的解决方案。这样的经历能够帮助学生认识到集体智慧的力量，并培养他们的创新思维和解决问题的能力。

要让学生利用集体智慧，教育者可以采取以下措施：

首先，鼓励头脑风暴。头脑风暴是一种有效的创新方法，它通过集思广益来激发团队的创造力。学校可以定期组织头脑风暴会议，邀请团队成员积极参与，并提出自己的想法和创意。在会议中，教育者可以采用一些激发创造力的技巧，如自由联想、异想天开等，以打破思维惯性，鼓励学生畅所欲言。此外，还可以设立奖励机制，对提出优秀创意的学生给予适当的奖励，以激励大家积极思考和参与。其次，建立决策机制。在团队中建立合理的决策机制是利用集体智慧的关键。良好的决策机制应该能够确保每个成员的意见得到充分的考虑和尊重。可以采用民主集中制的方法，既让每个成员都有发言的机会，又能通过充分的讨论和比较，最终达成共识。此外，教师还可以引入专家意见和数据支持，以提高决策的科学性和准确性。在决策过程中，我们需要避免一些常见的陷阱，如个人偏好、群体压力等，以确保决策的公正性和客观性。最后，分享经验教训。团队成员之间的知识共享和共同进步是利用集体智慧的重要方面。为了实现这一目标，教师可以鼓励团队成员之间分享自己的经验教训和学习成果。这可以通过定期的团队会议、内部培训、知识分享会等方式实现。此外，教师还可以建立团队内部的知识库和案例库，以便于大家查阅和学习。同时，我们需要建立开放和包容的文化氛围，鼓励大家敢于提出自己的想法和意见，共同进步和成长。

利用集体智慧需要教育者在团队中采取一系列措施，如通过鼓励头脑风暴、建立决策机制和分享经验教训等，可以激发团队的创造力、提高决策的科学性和准确性、促进知识的共享和团队的共同进步。这些措施的实施需要建立开放、包容、创新的文化氛围，鼓励团队成员积极参与、敢于尝试、不断学习。只有这样，我们才能真正发挥集体智慧的力量，实现团队的成功和发展。

团队协作能力培养是现代教育的重要任务之一。通过鼓励学生参与团队项目、提供多元化团队经验和利用集体智慧等方法，我们可以帮助学生培养良好的团队协作能力，为他们的未来成长和发展奠定坚实的基础。

（四）创业精神培养

在快速发展的现代社会中，创业精神成为推动社会进步和发展的重要力量。培养学生的创业精神，不仅有助于他们的个人成长和发展，也能为社会的创新和发展注入新的活力。

1. 创业教育

创业教育是培养学生创业精神的重要途径。通过课程和项目，学生可以学习到创业的基本知识、技能和思维方式，从而培养他们的创业意识和创业精神。

在创业教育中，教育者们可以采用多种方法来有效地激发学生的创业思维和激情。首先，设置创业课程，这些课程应该全面介绍创业的基本概念、原则和方法。通过系统的学习，学生可以深入了解创业的全过程，包括市场调研、产品开发、营销策略等，以及在创业过程中可能遇到的挑战和应对策略。其次，引入创业案例。通过分析成功的创业案例，学生可以了解到创业成功的关键因素和策略，从而激发他们的创业热情和灵感。这些案例可以是来自不同行业、不同背景的成功创业者的故事，通过他们的经验分享和成功之路的剖析，为学生提供宝贵的启示和借鉴。最后，提供创业指导。邀请成功的创业者或企业家来校进行讲座或指导，可以为学生提供实际的创业经验和建议。他们可以分享创业路上的坎坷和收获，传授应对困难的策略和方法，引导学生更好地理解和应对创业过程中的各种挑战。在实施创业教育的过程中，教育者还需要注意培养学生的综合素质。创业不仅是商业行为，更是一种创新和创造的过程。因此，教育者应注重培养学生的创新思维、团队协作、沟通技巧等方面的能力，使他们更好地适应未来创业的需要。创业教育是培养学生创新精神和创业能力的重要途径。通过设置创业课程、引入创业案例和提供创业指导等方法，我们可以帮助学生了解创业的过程和应对挑战，激发他们的创业热情和灵感，培养他们的综合素质和创新能力。这将为他们的未来创业之路打下坚实的基础。

2. 实践项目

提供实践平台是培养学生创业精神的关键。通过参与实践项目，学生可以亲身体验创业的过程，了解创业的挑战和机遇，从而培养创业技能和市场洞察力。

在当今时代，创业精神已经成为推动社会进步的重要力量。为了培养学生的创业意识和能力，许多教育机构开始采取一系列措施。其中，定期举办创业竞赛是备受关注的一种方式。创业竞赛不仅能够激发学生的创造力，还可以培养他们的竞争意识，让他们在实践中提升自己的创业能力。创业竞赛的举办，需要经过精心策划和组织，主要包括以下方面：首先，要确定竞赛的主题和规则，以确保竞赛的公平性和专业性。其次，要邀请业内专家担任评委，为学生提供专业的指导和建议。同时，为了吸引更多的学生参与，可以通过校内宣传、社交媒体推广等方式扩大影响力。在创业竞赛中，学生需要提出自己的创业想法和计划。这不仅需要他们具备创新思维，还需要他们具备一定的商业知识和实践能力。通过这样的过程，学生可以锻炼自己的思维能力，提高自己的实践能力，为将来的创业之路打下坚实的基础。除了创业竞赛外，为学生提供实习机会也是培养学生创业能力的重要方式之一。通过与企业和创业公司合作，学生可以亲身参与到创业实践中，了解创业的运作和管理。这样的实习经历可以帮助学生积累实践经验，提升自己的综合素质，为将来的就业和创业做好准备。设立创业基金也是支持学生创业项目和实践活动的一种有效方式。通过设立专门的创业基金，可以为学生的创业项目提供资金支持，帮助他们将想法付诸实践。同时，创业基金的设立也可以吸引更多的学生参与创业活动，营造整个学校的创业氛围。

为培养学生的创业意识和能力，教育机构可以通过组织创业竞赛、提供实习机会和设立创业基金等方式进行支持。这些措施帮助学生提升自己的创新思维和实践能力，为将来的创业之路做好准备。同时，这样的方式也可以为社会发展培养更多的创新型人才，推动社会的进步和发展。

3. 问题解决与价值创造

教育学生如何发现问题、解决问题并创造价值是培养他们市场洞察力和创新能力的重要方式。

要培养学生的问题解决能力和价值创造能力，教师需要采取一系列有效的方法：首先，引导学生发现问题，这是培养这两种能力的关键。教师应当鼓励学生关注社会和市场的需求，引导他们发现潜在的问题和机会。这样不仅能帮助学生锻炼问题解决能力，还能激发他们的创新思维和价值创造能力。其次，教授学生使用市场分析、用户调研等工具。这些工具能够帮助学生深入了解问题的本质和需求，使他们能够提出更具针对性的解决方案。同时，通过运用这些工具，学生还能提升自己的分析和判断能力，为未来的职业生涯做好准备。再次，鼓励学生进行创新思维。创新是解决问题的关键，也是创造价值的核心。教师可以通过创新思维训练和实践活动激发学生的创造力，鼓励他们提出新的解决方案和产品创意。这样不仅能培养学生的创新思维，还能提高他们的团队协作和沟通能力。最后，强调价值创造，这是培养学生问题解决能力和价值创造能力的核心目标。教育学生关注用户需求和体验，强调产品的实用性和创新性，培养他们的价值创造意识。同时，教师还需要引导学生理解市场需求和竞争环境，使他们能够更好地把握机会并创造价值。

培养学生的创业精神是现代教育的重要任务之一。通过创业教育、实践项目和问题解决与价值创造等方法，我们可以帮助学生建立起良好的创业意识和创业技能，为他们的未来创业之路奠定坚实的基础。同时，这种培养也有助于推动社会的创新和发展，为社会的进步注入新的活力。

（五）批判性思维培养

批判性思维是现代社会中不可或缺的一种思维能力，它强调对信息的独立分析、评估和判断，是创新思维和问题解决的重要基础。在教育领域，培养学生的批判性思维已成为一项重要任务。

1. 独立思考

独立思考是批判性思维的核心。培养学生的独立思考能力，意味着教育他们不盲从权威和传统观念，而是敢于质疑、勇于探索新的可能性。

为了培养学生的独立思考能力，可以采取以下方法。

鼓励质疑精神：在教育过程中，我们应该积极鼓励学生培养质疑精神。质疑精神是推动科学进步和社会发展的重要动力。教育学生不轻易接受现成的结论，而是敢于提出疑问，对问题进行深入的探究，可以激发他们的好奇心和求知欲。这不仅有助于培养学生的批判性思维，还有助于培养他们的创新能力和解决问题的能力。

为了培养学生的质疑精神，教师可以在课堂上采用开放性问题的教学方法，引导学生从多个角度审视问题，激发他们的思考和探索欲望。同时，教师还可以通过案例分析、小组讨论等方式，让学生了解不同观点和立场，培养他们的思维灵活性和开放性。

提供多元视角：在教育过程中，教育者应该注重提供多元视角，引导学生从多个角度审视问题。这样可以帮助学生理解不同观点和立场，培养他们的思维灵活性和开放性。通过接触不同的观点和思维方式，学生可以拓宽视野，增强对不同文化的理解和尊重。

为了提供多元视角，教师可以采取多种方式。例如，可以采用跨学科的教学方法，将不同学科的知识结合起来，帮助学生理解问题的多维度性。同时，教师还可以邀请不同领域的专家学者来校演讲或开设课程，让学生了解不同领域的研究成果和观点。此外，教师还可以引导学生参与社会实践和志愿服务等活动，让他们接触不同的社会群体和文化背景，增强他们的跨文化沟通能力。

强化自主学习：自主学习是教育过程中的一个重要目标。通过鼓励学生自主学习，独立思考和解决问题，可以培养他们的学习自主性和责任感。自主学习能力是学生未来发展中的关键能力之一，也是个人实现终身学习和全面发展的重要基础。为了强化学生的自主学习能力，教师可以采用多种方法。例如，可以采用项目式学习的教学方法，让学生自主选择感兴趣的项目进行研究，通过团队合作和独立思考来完成任务。同时，教师还可以为学生提供丰富的学习资源和学习工具，如在线课程、学习平台、图书馆等，帮助学生自主获取知识和信息。此外，教师还可以通过评估学生的学习成果并提供反馈意见等方式，鼓励学生不断改进自己的学习方法和策略。

鼓励质疑精神、提供多元视角和强化自主学习是教育过程中的三个重要方面。通过培养学生的质疑精神、思维灵活性和开放性以及学习自主性和责任感，我们可以为他们的未来发展打下坚实的基础。

2. 信息与观点评价

在信息爆炸的时代，学生需要具备批判性地分析和评价各种信息与观点的能力。这就要求他们不仅能够识别信息的真伪和优劣，还能形成自己的独立见解。

为了有效地培养学生对信息与观点的评价能力，教师需要采取一系列的策略和方法。以下是一些具体的建议：首先，教授信息评价技巧是至关重要的。在当今信息爆炸的时代，学生需要学会如何鉴别信息的来源、真实性和价值。教师可以教授学生如何分析信息的权威性、内容的准确性和数据的有效性以及如何识别虚假或误导性的信息。此外，教师还可以引导学生如何利用批判性思维来评估信息的可靠性和相关性，从而培养他们的信息鉴别能力。其次，引导学生进行观点分析也是提高学生评价能力的有效途径。教师可以通过组织课堂讨论、辩论和案例分析等活动，引导学生对不同观点进行分析和比较。在这个过程中，教师需要帮助学生理解各种观点的立场和逻辑，并鼓励他们从多个角度思考问题。通过这种方式，学生可以更好地理解不同观点的优缺点，并学会在面对不同意见时保持客观和理性。最后，鼓励学生独立思考是培养他们信息与观点评价能力的关键。教师应该鼓励学生提出自己的见解和看法，并尊重他们的意见。在教学过程中，教师可以采用启发式教学方法，引导学生主动思考问题，并培养他们的创新思维和批判性思维能力。此外，教师还可以提供一些具有争议或复杂性的议题，让学生自行研究并形成自己的观点，从而培养他们的独立思考和评价能力。

为了培养学生的信息与观点评价能力，教师需要注重教授信息评价技巧、引导观点分析和鼓励独立思考等方面的教育。通过这些方法，学生可以更好地掌握评价信息与观点的技巧，并提高自己的评价能力。这对于他们未来的学习和生活都具有重要的意义。

3. 解决方案提出

批判性思维不仅要求学生能够分析问题，还要求他们能够提出创新性的解决方案。为了培养学生的解决方案提出能力，可以采取以下方法。

鼓励创新思维：激发学生的创造力。在当今世界，创新思维已成为推动社会进步和发展的重要驱动力。因此，教育体系应注重培养学生的创新思维，鼓励他们勇于探索、尝试新事物，并提出独特的解决方案。为了实现这一目标，教育者可以采用创新思维训练和实践活动，激发学生的创造力。例如，可以组织创意设计比赛、头脑风暴活动等，让学生在轻松愉快的氛围中发挥想象力，挖掘创新潜力。

提供实践机会：将理论知识应用于实际问题。为了使学生更好地掌握理论知识，并将其应用于实际问题中，教育者需要为学生提供实践平台。例如，建立实验室、组织社会实践活动等，让学生有机会亲自动手操作、观察、分析，从而加深对知识的理解。同时，学生也可以在实践中发现问题并提出解决方案。通过这样的方式，学生不仅能将理论知识转化为实践能力，还能培养解决问题的能力。

强调团队合作：培养协作精神和团队合作能力。团队合作是当今社会不可或缺的一种能力。因此，教育者应当鼓励学生通过团队合作来共同解决问题。在团队中，学生可以互相学习、取长补短，提高工作效率。同时，团队合作还能培养学生的沟通协调能力和领导能力。为了更好地发挥团队合作的作用，教育者可以通过组织团队项目、小组讨论等活动，让学生在合作中成长，为其未来的发展奠定坚实的基础。

批判性思维培养是现代教育的重要任务之一。通过培养学生的独立思考能力、信息与观点评价能力和解决方案提出能力等多方面的能力，我们可以帮助他们建立起良好的批判性思维习惯，为他们的未来成长和发展奠定坚实的基础。同时，这种培养也有助于推动社会的进步和发展，为教育的创新和发展注入新的活力。

第二节 实践机会与经济回报

一、实习与实训

（一）校内实训

校内实训是高等教育体系中不可或缺的一部分，尤其对于体育专业的学生来说，它为学生提供了一个理论与实践相结合的平台，让学生在专业教师的指导下，能够真实、直观地了解和掌握体育知识和技能。

1. 利用体育设施和资源

高校作为教育的重要场所，通常都配备先进的体育设施和丰富的体育资源。这些资源包括宽敞的体育馆、多功能运动场、现代化的健身中心等，不仅满足了日常体育教学和训练的需要，也为校内实训提供了得天独厚的条件。例如，学生可以在这些专业场地上进行各项体育技能的训练和实践，如篮球、足球、游泳、羽毛球等。此外，高校的体育器材和设备也较为齐全，能够确保学生在实训过程中的安全性和专业性。

2. 参与教学活动

校内实训不仅仅是学生的自我练习，更多的是在专业教师的指导下进行有针对性的训练。学生可以参与校内的体育教学活动，如辅助教学、组织小型比赛等。这种参与方式不仅有助于学生巩固所学的理论知识，还能培养其教学和组织能力。在辅助教学过程中，学生也可以与专业教师一同探讨教学方法和技巧，从而提高自己的教学水平。而在组织小型比赛时，学生则需要综合考虑各种因素，如场地安排、人员调配、比赛规则等，这无疑会锻炼他们的组织协调能力和沟通能力。

3. 角色扮演

在校内实训中，角色扮演是一种非常有效的训练方法。学生可以扮演助教、裁判、赛事组织者等角色，参与校内的体育比赛。这种角色扮演的方式可以让学生更好地了解每个角色的职责和要求，提高其专业素养。例如，扮演助教角色的学生可以在实践中了解教学的基本流程和注意事项；扮演裁判角色的学生可以熟悉比赛规则和判罚标准；扮演赛事组织者角色的学生可以学习到如何策划和组织一场成功的体育赛事。这些经验对于学生未来的职业发展都是非常有价值的。

校内实训对于体育专业的学生来说具有非常重要的意义。它不仅能帮助学生巩固和深化所学的理论知识，还能培养他们的实践能力和职业素养。通过利用高校的体育设施和资源、参与教学活动以及角色扮演等方式，学生也可以更加全面、系统地提升自己的专业水平。

（二）校外实习

校外实习是高等教育体系中一个不可或缺的组成部分，尤其对于体育专业的学生来说。它为学生提供了一个将所学理论知识应用于实际工作环境的机会，能帮助学生更好地了解行业现状和发展趋势。

1. 合作单位实习

高校通常与各类体育企业、机构等建立合作关系，为学生提供丰富的实习机会。这些合作单位包括体育管理公司、体育营销机构、体育培训机构等，其涵盖了体育行业的多个领域。在这些单位实习，学生可以接触到专业的体育工作，深入了解体育行业的运作方式和专业要求。例如，在体育管理公司实习的学生可以参与体育赛事的策划和管理，学习到如何制订赛事计划、协调各方资源、确保赛事顺利进行等；在体育营销机构实习的学生可以了解到如何进行品牌推广、市场调研、营销策略制定等；在体育培训机构实习的学生则可以接触到体育教学和训练工作，提升自己的教学水平和训练能力。

2. 行业了解与适应

通过校外实习，学生可以深入了解体育行业的发展趋势和市场需求。随着体育产业的不断发展和壮大，市场对体育专业人才的需求也在不断增加。学生可以通过实习了解到当前市场上对各类体育人才的需求情况和薪资水平，从而更好地规划自己的职业发展路径。同时，校外实习也有助于学生更好地适应未来的工作环境。在实际工作中，学生可能会遇到各种挑战和问题，这就需要灵活运用其所学的知识和技能来解决。这种实践经验的积累可以让学生更加自信地面对未来的工作挑战，提高自己的职业竞争力。

3. 建立职业网络

在实习期间，学生有机会结识行业内的专业人士，可以与他们建立联系并建立起自己的职业网络。这对于学生未来的职业发展非常有利。通过职业网络，学生可以了解到更多的行业动态和职业机会，获得职业发展的建议和帮助。同时，学生也可以将自己的专业知识和技能展示给更多的人，提高自己的知名度和影响力。

校外实习对于体育专业的学生来说具有非常重要的意义。它不仅能帮助学生将所学的理论知识应用于实际工作，还能让他们更好地了解行业现状和发展趋势，建立起自己的职业网络。总之，通过校外实习的锻炼和积累，学生可以更加自信地面对未来的职业挑战，实现自己的职业发展目标。

（三）项目实践

项目实践在高等教育，特别是体育人才的培养中，占有举足轻重的地位。它为学生提供了真实而复杂的工作环境，并要求他们综合运用所学的知识和技能去解决实际问题。

1.综合运用知识

参与体育相关的项目实践，如体育赛事策划、体育市场营销等，可以让学生有机会将所学的理论知识和技能应用于实际工作中。例如，在体育赛事策划中，学生需要考虑场地安排、赛程设计、参赛者组织、赞助商合作等多个方面。这就要求他们不仅要掌握体育的专业知识，还要了解市场营销、项目管理等相关领域的基础知识。通过项目实践，学生可以更加深入地理解理论知识与实际工作之间的联系，从而更加熟练地运用所学知识去解决实际问题。这种经验的积累不仅可以提高学生的专业技能，还可以增强他们的自信心和职业素养。

2.创新能力培养

项目实践通常会使学生面对复杂的问题和挑战，这有助于培养学生的创新思维和解决问题的能力。在项目实践中，学生可能会遇到各种预料之外的情况和问题，这就需要他们灵活应对、创新思维，寻找解决问题的最佳方案。例如，在体育市场营销的项目中，学生需要思考如何创新推广策略，才能吸引更多的观众和客户。这种创新思维的培养可以让学生在未来的职业生涯中更加具有创造力和竞争力。

3.团队协作与沟通

项目实践往往涉及多个部门和多个成员之间的协作。学生也需要与团队成员紧密合作，共同完成项目目标。这就要求他们不仅要具备专业的知识和技能，还要具备良好的团队协作精神和沟通能力。在项目实践中，学生需要学会倾听他人的意见、表达自己的观点、协调各方的利益和需求。通过与团队成员的交流和合作，学生可以锻炼自己的沟通能力和团队协作能力，这对于他们未来的职业发展同样具有重要意义。

项目实践在高校体育人才培养中具有不可替代的作用。通过参与体育相关的项目实践，学生可以综合运用所学的理论知识和技能，提高自己的专业技能和综合素质；同时，项目实践还可以培养学生的创新思维和解决问题的能力，以及团队协作和沟通能力。这些能力和素质的培养可以让学生更加自信地面对未来的职业挑战，实现自己的职业发展目标。

二、就业与创业机会

在高等教育体系中，高校体育不仅是培养学生体育技能和知识的重要场所，更是他们未来就业和创业的跳板。特别是在当今体育产业日益壮大的背景下，高校体育对于学生未来职业发展的重要性越发凸显。辽宁教育学院通过其体育教师团队建设，为学生提供了丰富的就业与创业机会。

（一）教师队伍建设

辽宁教育学院深知，优秀的教师团队是高质量教育的核心。在体育领域，这一点尤为重要。因此，学院在体育教师队伍建设上下足了功夫，致力于构建一支多元化、专业化的教师队伍。

1. 多元化引进策略

学院在引进教师时，不仅注重其学术背景和教学经验，还充分考虑其在体育行业的实践经验。这种多元化的引进策略确保了教师队伍既具备深厚的学术底蕴，又拥有与行业紧密结合的实践经验。这样的教师队伍更能够为学生提供贴近实际、具有前瞻性的就业指导。

2. 专业化发展路径

除了引进优秀教师外，辽宁教育学院还重视教师的专业化发展。学院鼓励并支持教师参与各类培训、研讨会和学术交流活动，以不断更新其知识和技能。同时，学院还设立了一套完善的评价机制，对教师的教学、科研和社会服务进行定期评估，从而确保教师队伍的整体素质不断提升。

3. 跨学科合作与交流

在现代社会，体育产业的发展越来越需要跨学科的知识和技能。辽宁教育学院敏锐地捕捉到了这一趋势，积极鼓励教师之间的跨学科合作。这种合作不仅促进了不同领域知识和技能的融合，还为学生提供了更为广阔的视野和更为全面的就业指导。例如，体育学院与经济、管理、传媒等学院的教师合作，共同探讨体育产业的经济效应、品牌管理、媒体传播等问题，为学生提供更加综合的职业发展建议。

4. 学生就业与创业支持

基于这样一支高素质、专业化的教师队伍，辽宁教育学院得以为学生提供更加个性化、专业化的就业与创业支持。学院通过定期举办职业规划讲座、就业指导课程、实习推荐等方式，帮助学生明确职业目标、提升求职技能、拓展职业网络。同时，学院还鼓励学生积极参与各类创业项目和社会实践活动，培养其创新意识和创业能力。

辽宁教育学院通过优化体育教师队伍结构、加强教师培训和完善评价机制等一系列举措，成功打造了一支高素质、专业化的体育教师队伍。这支队伍不仅为学院的教学和科研工作注入了活力，更为学生提供了广阔的就业与创业机会，助力他们在体育产业的舞台上大放异彩。

（二）教师培训

辽宁教育学院深知教师在教育过程中的核心作用，特别是在体育这一实践性强的学科中。为了确保体育教师能够与时俱进，并为学生提供高质量的教学和指导，学院定期开展了一系列深入而全面的教师培训活动。

1. 培训内容的广泛性与深度

辽宁教育学院的体育教师培训内容设计得既广泛又有深度。其中，教育教学理论培训能够帮助教师掌握先进的教育理念和教学方法，使他们能够根据学生的特点和需求进行有针对性的教学；运动训练技巧培训则提高了教师的专业技能水平，使他们能够更准确地指导学生进行体育锻炼和比赛；体育科研方法培训则增强了教师的科研能力，使他们能够在体育教学和训练中进行科学探索和创新。

2. 实践机会与职业发展平台的搭建

除了理论培训，辽宁教育学院还非常注重为教师提供实践机会。学院与多家企业和机构建立了合作关系，为教师创造了参与各类体育项目策划和组织的机会。通过这些实践，教师可以亲身体验体育行业的运作方式，了解市场需求和行业趋势，从而更加准确地指导学生进行职业规划和就业准备。此外，这些实践经验和行业资源也为教师自身的职业发展提供了有力支持。教师们可以通过参与项目合作、承担社会责任等方式，拓宽自己的职业视野，提升专业素养和综合能力，为未来的职业发展打下坚实基础。

3. 对学生就业和创业的有力支持

通过参与教师培训和实践活动，辽宁教育学院的教师们不仅提升了自己的教育教学能力和专业素养，还积累了丰富的实践经验和行业资源。这些经验和资源为他们指导学生就业和创业提供了有力支持。教师们可以将自己的实践经验和行业知识融入教学，让学生了解体育行业的最新动态和发展趋势。同时，他们还可以通过分享自己的职业规划经验、提供就业和创业指导等方式，帮助学生明确职业目标、提升求职技能、拓展职业网络。这些支持对于学生在激烈的就业竞争中脱颖而出、实现个人职业发展具有重要意义。

总之，辽宁教育学院的教师培训活动不仅提升了教师的教育教学能力和专业素养，也为他们指导学生就业和创业提供了有力支持。这种以教师培训促进学生就业和创业的做法，体现了学院对人才培养的高度重视和全面考虑。

（三）教师评价

辽宁教育学院为了确保体育教师队伍的持续优化和整体教学质量的提升，建立了一套完善的教师评价机制。这一机制不仅涵盖了多个评价维度，而且注重评价结果的运用，从而有效地激励教师不断提高自己的专业素养和教育教学能力。

1. 多元评价体系的构建

为了确保评价的公正性和准确性，辽宁教育学院采用了多元评价的方式，包括以下几方面。

学生评价：学生是教学的直接受益者，他们对教师的教学效果有着最直接的感受。通过定期的学生评价，可以了解教师在教学内容、方法、态度等方面的表现，从而及时调整教学策略。

同行评价：同行教师之间相互评价，可以从专业角度对教师的教学和科研能力进行评估，提出建设性的意见和建议。

专家评价：邀请体育教育领域的专家对教师进行评价，可以从更高层次和更宽视野对教师的专业水平和影响力进行评估。

2.全面考核内容的设定

辽宁教育学院的教师评价不仅关注教师的教学水平，还对其科研能力和社会服务等方面进行全面考核。教学水平考核主要包括教学内容、方法、效果等方面；科研能力考核则关注教师的科研项目、论文发表、学术影响等；社会服务考核则看重教师在体育公益活动、社区体育指导等方面的贡献。

3.评价结果的应用与激励

评价结果不是辽宁教育学院的终点，而是其新的起点。评价结果作为教师晋升和奖励的重要依据，直接关系到教师的职业发展。这种将评价结果与实际奖励挂钩的做法，有效地激发了教师自我提升的积极性。同时，学院还鼓励教师参与各类体育赛事和学术交流活动，这不仅可以让教师在更大的舞台上展示自己的专业才华和成果，还为他们提供了与同行交流、学习的机会，促进其进一步提升自己的专业素养和知名度。

4.对学生的积极影响

辽宁教育学院的教师评价机制不仅促进了教师的专业发展，也为学生带来了实实在在的好处。一方面，通过参与评价活动，学生可以更加深入地了解教师的教学风格和特点，从而更好地适应教师的教学方式；另一方面，教师参与体育赛事和学术交流活动也为学生提供了更多的实践和就业机会。学生们可以跟随教师参与这些活动，积累实践经验，拓宽职业视野，为未来的就业和创业做好准备。

总之，辽宁教育学院的教师评价机制通过多元的评价方式、全面的考核内容和有效的激励措施，成功地促进了体育教师的专业发展，提升了整体教学质量。同时，这一机制也为学生提供了更多的实践和就业机会，实现了教与学的良性循环。

（四）学生就业与创业支持

在当今竞争激烈的就业市场中，高校毕业生的就业与创业问题一直是社会关注的焦点。辽宁教育学院深知学生未来职业发展的重要性，因此，基于其强大的体育教师团队，为学生提供了全方位的就业与创业支持，致力于帮助学生顺利步入职业生涯，实现个人价值。

1. 就业支持的多元化举措

辽宁教育学院在就业指导方面采取了多种措施。例如，学院开设了专门的就业指导课程，帮助学生了解就业市场的趋势和需求，掌握求职技巧和方法。同时，学院还定期举办职业规划讲座，邀请行业专家和校友分享职业经验和行业前沿动态，帮助学生明确职业目标和规划职业发展路径。

除了理论指导，辽宁教育学院还注重实践经验的积累。学院积极与各大企业和机构建立合作关系，为学生推荐实习和就业机会。通过实习实训，学生可以亲身体验职场环境，了解行业运作方式，提升自己的职业技能和素养。这些实践经验不仅有助于学生更好地适应未来的工作岗位，也会为他们的求职简历增添亮点。

2. 创业支持的全面覆盖

在创业方面，辽宁教育学院鼓励学生发挥专业优势和创新精神，为他们提供全面的创业支持。学院设立了创业指导中心，为学生提供创业咨询、项目评估、团队组建等方面的指导。同时，学院还与多家风险投资机构和孵化器建立了合作关系，为学生提供资金支持和资源对接。为了让学生更好地了解市场动态和行业趋势，学院还积极与行业内的合作伙伴建立联系，并为学生提供丰富的创业资源和市场信息。通过这些举措，学生们可以更加准确地把握市场机会，降低创业风险，实现自己的创业梦想。

3. 教师团队在就业与创业支持中的关键作用

辽宁教育学院的体育教师团队在学生的就业与创业支持中发挥着不可替代的作用。教师们不仅在课堂教学中传授专业知识和技能，还通过科研项目、社会实践等方式培养学生的创新能力和团队协作精神。同时，教师们还利用自己的行业经验和资源，为学生推荐实习和就业机会，提供创业指导和资金支持。这种全方位的指导和支持有助于学生更好地应对就业和创业的挑战，实现个人职业发展。

辽宁教育学院通过体育教师团队为学生提供了全方位的就业与创业支持。这些支持不仅帮助学生了解了就业市场趋势和需求，提升了他们的就业竞争力，还鼓励学生发挥专业优势和创新精神，进行创业尝试。通过与各大企业和机构建立合作关系以及提供创业指导和资金支持等举措，学院成功地助力学生实现了职业梦想。这种以学生为中心的实践教育模式不仅体现了辽宁教育学院的教育理念和社会责任感，也为其他高校提供了有益的借鉴和参考。

总之，高校体育教师团队的建设对于提升学生的就业与创业能力具有重要意义。辽宁教育学院的实践经验表明，通过优化教师队伍结构、加强教师培训和完善评价机制等措施，可以为学生提供更广阔的就业与创业机会，助力他们实现职业梦想。

第五章　校园体育与社会服务

校园体育设施的社会化利用

一、开放式体育设施

随着社会的进步和全民健身意识的提高，校园体育设施的社会化利用成为一个重要议题。高校作为拥有丰富体育资源的场所，其体育设施的社会化利用不仅可以满足社区居民的健身需求，还可以促进高校与社会的互动与合作。

（一）资源共享的重要性

资源共享的重要性在多个层面都有所体现，尤其是在体育教学和体育设施利用方面。

1. 缓解资源紧张

在许多城市和地区，公共体育资源的紧张已经成为一个不容忽视的问题。随着人们生活水平的提高和健康意识的增强，越来越多的市民开始重视体育锻炼和健身活动。然而，公共体育设施的数量和质量却往往不能满足这种日益增长的需求。

公共体育资源的现状。

数量不足：在许多城市和地区，公共体育场馆和健身中心的数量有限，尤其是在人口密集的区域，这些设施更是供不应求。

质量参差不齐：除了数量不足之外，许多公共体育设施还存在质量问题。一些老旧的场馆和健身中心由于缺乏维护和更新，设施陈旧，功能不完善，难以满足市民的健身需求。

高峰时段拥挤：在傍晚和周末等高峰时段，公共体育场馆和健身中心经常出现人满为患的情况。这不仅影响了市民的健身体验，也增加了设施的管理和维护难度。

高校体育设施的闲置问题：

与公共体育资源的紧张状况形成鲜明对比的是，高校的体育设施在非教学和训练时段往往处于闲置状态。这些设施通常配备先进、维护得当，具有很高的使用价值，但受传统管理模式的限制，它们往往得不到充分利用。

因此，高校体育设施对外开放具有十分重要的意义。

增加体育资源总量：对外开放高校体育设施，可以极大地增加当地可供使用的体育资源总量。这不仅有助于缓解公共体育资源的紧张状况，还可以为市民提供更多的健身选择。

满足多样化需求：高校体育设施的对外开放可以满足不同年龄段、不同运动需求的市民的多样化健身需求。无论是喜欢室内运动的市民还是喜欢户外运动的市民，都可以在高校体育设施中找到适合自己的运动场所和项目。

提升社区或城市活力：高校体育设施的对外开放不仅可以满足市民的健身需求，还有助于提升整个社区或城市的体育氛围和活力。通过举办各类体育活动和赛事，还可以吸引更多的市民参与体育锻炼，从而培养他们的运动习惯和健康生活方式。

促进资源共享：高校体育设施的对外开放可以促进资源共享，实现资源的最大化利用。通过合理的时段分配和管理，可以确保教学和对外开放之间不会相互干扰，从而保证教学质量不受影响。

高校体育设施的对外开放对于缓解公共体育资源的紧张状况具有重要意义。这不仅可以满足更多市民的日常健身需求，也有助于提升整个社区或城市的体育氛围和活力。因此，我们应积极推动高校体育设施的对外开放工作，让更多的人享受到运动的快乐，养成健康的生活方式。

2. 提高资源利用效率

高校体育设施作为学校体育教学的重要组成部分，通常配备先进、功能齐全，且维护得当。在传统的管理模式下，这些设施在非教学时间往往得不到充分利用，造成了一定的资源浪费。因此，对外开放高校体育设施成为提高资源利用效率的有效途径。

高校体育设施的资源优势。

先进的设施配备：高校体育设施通常采用先进的设备和技术，无论是室内还是室外场馆，都能提供高质量的运动体验。

专业的维护团队：高校通常拥有专业的维护团队，负责体育设施的维护和保养，确保设施始终处于良好的使用状态。

多样化的运动场所：高校体育设施涵盖了多种运动项目，如篮球、足球、游泳、羽毛球等，可以满足不同人群的多样化运动需求。

对外开放的优势。

增加设施使用率：对外开放可以显著提高高校体育设施的使用率。在非教学时间，这些设施可以被更多的市民使用，从而减少资源的闲置和浪费。

经济效益：通过合理的收费制度，高校体育设施对外开放可以为学校带来一定的经济效益。这些收入可以用于设施的维护和更新，进一步提升设施的使用价值。

社区互动与合作：对外开放可以促进高校与社区之间的互动与合作。例如，学校可以与社区共同举办各类体育活动和赛事，增进彼此之间的联系和交流。

面临的挑战与解决策略。

时段分配与管理：为了确保教学和对外开放之间不相互干扰，学校需要对时段进行合理分配和管理。学校可以制订详细的时段分配计划，明确每个时段的用途和管理规定，以确保设施的正常运转和教学质量不受影响。

安全与风险管理：高校体育设施对外开放意味着更多的人流和更复杂的管理环境。因此，学校需要加强对设施的安全和风险管理，以确保市民在使用过程中的安全，并防止意外事件的发生。

宣传与推广：为了提高市民对高校体育设施的知晓度和使用率，学校需要加强宣传和推广工作。通过社交媒体、校园网站、线下活动等多种渠道进行宣传，可以吸引更多的市民前来使用。

对外开放高校体育设施是提高资源利用率的有效途径。通过合理的时段分配和管理、加强安全与风险管理以及加大宣传与推广力度，可以充分发挥高校体育设施的资源优势，提高设施的使用率和社会效益。同时，学校也需要根据实际情况灵活调整管理策略，确保教学和对外开放的和谐共存。

3. 促进高校与社会的互动与合作

随着社会的进步和教育的发展，高校与社会的互动与合作变得越来越重要。开放体育设施作为高校与社会之间的桥梁，可以促进双方之间的紧密联系和合作，实现资源共享和互利共赢。

开放体育设施作为纽带的重要性。

资源共享：高校拥有丰富的体育资源和设施，而社区和企业则缺乏相应的资源。通过开放体育设施，高校可以与社区和企业共享这些资源，满足双方的需求。

增加交流与合作机会：开放体育设施可以为高校、社区和企业提供更多交流与合作的机会。例如，可以共同举办体育活动或赛事，开展员工健身培训等，增进彼此之间的了解和信任。

提升社会影响力：通过与社区和企业的合作，高校可以进一步提升自身的社会影响力和知名度。同时，这种合作也有助于提升高校的品牌形象和声誉，从而吸引更多的优秀学生和教师前来学习和工作。

合作形式的多样性。

与社区合作：高校可以与周边社区共同举办体育活动或赛事，为社区居民提供丰富多彩的健身娱乐活动。同时，也可以为社区提供体育教育和培训服务，提高社区居民的体育素养和健康水平。

与企业合作：高校可以与企业合作开展员工健身培训，为企业员工提供专业化的健身指导和培训课程。这种合作不仅可以提高员工的身体素质和工作效率，也有助于增强企业的团队凝聚力和竞争力。

学术与产业合作：通过开放体育设施，高校可以与体育产业相关企业建立紧密的合作关系，共同推动体育产业的发展和创新。同时，这种合作也可以为高校的学术研究提供实践支持和数据支撑，促进学术成果的转化和应用。

实践机会和就业渠道的拓展。

学生实践机会：开放体育设施可以为学生提供更多的实践机会。学生可以参与到体育设施的管理和运营中，积累实际工作经验和技能，提升自身的就业竞争力。

教师研究与合作：通过与社区和企业的合作，教师可以更加深入地了解社会需求和市场动态，从而更加精准地调整自身的教学和研究方向。同时，这种合作也可以为教师提供更多的研究资源和合作机会，促进学术成果的产出和转化。

开放体育设施作为高校与社会之间的纽带，可以促进双方之间的互动与合作。这种合作不仅可以实现资源共享和互利共赢，还可以为高校、社区和企业带来更多的发展机遇和可能性。因此，我们应该积极推动高校体育设施的开放工作，加强与社会各界的联系与合作，共同推动社会的进步和发展。

4. 推动全民健身运动

全民健身运动是现代社会追求健康、活力与和谐生活的重要体现。在这一背景下，高校体育设施的社会化利用显得尤为重要，它不仅可以满足公众的健身需求，更能在推动全民健身运动中发挥关键作用。

高校体育设施的社会化利用与全民健身运动相契合。

资源补充：高校体育设施通常配备先进，功能齐全，其对外开放能弥补公共体育资源的不足，为公众提供更多的健身场所和选择。

专业指导：高校拥有专业的体育教师和教练团队，他们可以为公众提供科学的健身指导和培训，帮助公众掌握正确的运动技能和方法。

文化氛围营造：高校作为文化教育的中心，其体育设施的开放也有助于营造浓厚的体育文化氛围，激发公众的健身热情。

高校体育设施的社会化利用，有助于培养人们的运动习惯与健康生活方式：

提供多样化运动机会：高校体育设施涵盖了多种运动项目，可以满足不同年龄段、不同兴趣爱好的公众的多样化运动需求。

定期活动与赛事：通过定期举办各类体育活动和赛事，可以吸引更多的人参与到体育锻炼中来，培养他们的运动习惯和健康生活方式。

健康教育与宣传：高校可以利用其教育资源优势，开展健康教育和宣传，帮助公众了解运动对健康的益处，提高他们的健康意识。

高校体育设施的社会化利用，有助于推动体育产业发展。

扩大体育市场：随着越来越多的人参与到体育锻炼中来，体育市场的需求也会相应增加，这为体育产业的发展提供更多的潜在消费者和市场机会。

促进体育产业创新：高校作为科研和创新的中心，其体育设施的社会化利用可以推动体育产业的技术创新和服务创新，提升体育产业的整体竞争力。

培育体育产业人才：高校可以通过与体育产业的合作，为学生提供实习和就业机会，培养体育产业的专业人才，为体育产业的可持续发展提供人才保障。

高校体育设施的社会化利用，有助于提升社会整体健康水平。

减少健康问题：通过全民健身运动的推广，可以降低肥胖、心血管疾病等健康问题的发生率，提高公众的整体健康水平。

增强社会活力：健康的身体是充满活力的基础。通过体育锻炼，人们可以增强体质，提高工作效率和创造力，为社会的发展注入更多的活力。

构建和谐社会：全民健身运动的推广有助于增进人与人之间的交流与互动，增强社会的凝聚力和向心力，为构建和谐社会提供有力支持。

高校体育设施的社会化利用在推动全民健身运动中发挥着关键作用。它不仅可以满足公众的健身需求，培养运动习惯和健康生活方式，还可以推动体育产业的发展和提升社会整体健康水平。因此，我们应进一步加强对高校体育设施社会化利用的研究和探索，充分发挥其在全民健身运动中的积极作用。

5. 培养社会责任感和服务意识

培养社会责任感和服务意识是高校体育设施对外开放的综合效益的具体体现。

高校作为教育机构，其核心使命是促进学生的全面发展。在这个过程中，除了传授专业知识和技能外，培养学生的社会责任感和服务意识也显得尤为重要。高校体育设施的对外开放，为学生和教师提供了一个独特的平台，让他们在实践中深化对社会责任的理解。

高校体育设施的对外开放可以帮助人们直观了解社会需求与问题。

接触多元群体：通过参与体育设施的对外开放，学生和教师有机会接触到不同年龄、职业和背景的群体。这种多样化的交往有助于他们更全面地了解社会需求的多样性。

面对实际挑战：在体育设施的管理和运营中，学生和教师可能会遇到各种实际问题，如设备维护、用户管理、安全保障等。这些问题的解决需要他们具备强烈的社会责任感和服务意识。

　　高校体育设施的对外开放，可以培养学生的社会责任感和服务意识。

　　服务意识强化：对外开放意味着服务更多的人群。在服务过程中，学生和教师需要关注用户需求，并提供优质的服务。这种经历有助于培养他们的服务意识，让他们意识到自己的行为对社会的影响。

　　团队协作与沟通：在设施的管理和运营中，团队协作和沟通能力尤为重要。通过与他人合作，共同解决问题，学生和教师可以更加明确自己在团队中的责任和角色，从而增强社会责任感。

　　提升综合能力与社会适应性。

　　实践能力锻炼：参与体育设施的对外开放可以让学生和教师将理论知识与实践相结合，提升他们的实践能力和解决问题的能力。

　　社会责任感转化为行动：通过实践，学生和教师可以将社会责任感转化为具体的行动。他们可以通过提供优质的服务、关注社会公益事业等方式，为社会作出贡献。

　　高校体育设施的对外开放，可以塑造学校积极的社会形象。

　　展示高校的社会责任：高校通过对外开放体育设施，展示了其对社会的关注和责任。这种积极的形象可以吸引更多的社会资源和支持，促进高校与社会的紧密合作。

　　激发学生的社会参与热情：学生参与体育设施的对外开放，可以激发社会参与热情。他们可以通过这种方式了解社会问题，关注社会公益事业，为未来的社会生活做好准备。

　　高校体育设施的对外开放，可以推动社会进步与发展。

　　培养未来领导者：通过参与体育设施的对外开放，学生不仅可以培养自己的社会责任感和服务意识，还可以锻炼自己的领导能力和团队协作能力。这些能力对于学生未来成为社会的领导者具有重要意义。

　　促进社会的和谐与进步：具有社会责任感和服务精神的学生和教师将更加积极地参与社会公益活动，推动社会的和谐与进步。他们的努力可以为社会的发展注入更多的正能量和活力。

高校体育设施的对外开放为学生和教师提供了一个实践平台，让他们更加直观地了解社会需求和社会问题。这种经历有助于培养他们的社会责任感和服务意识，提升他们的综合能力和社会适应性。同时，这也是高校履行其社会责任、推动社会进步与发展的重要途径之一。为了实现这些目标，高校需要制定科学合理的开放策略和管理机制，确保资源共享能够在有序、安全、高效的环境下进行。同时，与社区、政府等相关部门的紧密合作也是实现资源共享的重要途径。通过这样的努力，高校不仅可以更好地履行其社会职责，还可以为自身的可持续发展注入新的活力。

（二）促进全民健身的作用

高校体育设施的社会化利用在促进全民健身方面发挥着重要作用。

1.提供便捷的健身场所

地理位置优势是高校体育设施的一个重要特点。由于高校通常位于城市的中心地带或交通便利的地方，社区居民可以方便快捷地到达这些地方进行体育锻炼。相比之下，专门的体育场馆或健身中心可能位于较远的地方，这给居民的健身活动带来很大的不便。因此，高校体育设施的开放为社区居民提供了一个非常便捷的健身场所，使他们更容易参与体育锻炼。除了地理位置的优势之外，高校体育设施还具有时间灵活性的特点。在非教学时间，如晚上、周末和假期，高校的体育设施通常都会对外开放。这种时间的灵活性对于那些工作繁忙的社区居民来说尤为重要。他们可以在空闲时间里利用高校的体育设施进行锻炼，而不必请假去专门的健身房或体育场馆。这种时间上的灵活性极大地提高了社区居民参与体育锻炼的便利性。除了方便和灵活性之外，高校体育设施还有助于培养社区居民的健身习惯。因为高校的体育设施通常比较齐全，可以满足不同年龄段和不同健身需求的社区居民的锻炼需求。长期坚持体育锻炼有助于提高身体素质和健康水平，对于预防慢性疾病、增强免疫力等方面也有很大的益处。因此，高校体育设施的开放为社区居民提供了一个非常有益的健身平台。

高校体育设施在地理位置和时间上的优势以及丰富的设施资源为社区居

民提供了方便、灵活的健身场所。这种开放式的校园体育设施不仅有助于提高社区居民的身体健康水平，还有助于培养他们的健身习惯和促进全民健身事业的发展。因此，我们应充分利用高校体育设施的优势，鼓励更多的人参与体育锻炼，共同养成健康、积极的生活方式。

2. 满足多样化需求

设施多样性：高校的体育设施通常涵盖了多个项目，如篮球场、游泳池、羽毛球馆、健身房等。这种体育设施的多样性不仅满足了学生们的锻炼需求，还为社区居民提供了便捷的健身场所，为不同年龄段和不同喜好的人提供了多元化的选择。无论是喜欢篮球的热血青年，还是热衷于游泳的老年人，都能在高校的体育设施中找到适合自己的锻炼项目。这种多样性不仅有助于提高体育设施的利用率，还有助于提升人们的健身意识。人们可以根据自己的兴趣和需求选择不同的设施进行锻炼，从而培养出持续锻炼的习惯。此外，这种多样性也有助于促进社区居民之间的交流与互动，让大家在健身的同时结识志同道合的朋友。

适合所有年龄段：高校体育设施的设计往往能兼顾各个年龄段的需求。此外，高校还为儿童设计了安全有趣的游乐设施，让他们在玩耍的同时也能锻炼身体。这种全面性的设计不仅体现了高校的人性化关怀，也有助于增强家庭的凝聚力。家庭成员可以根据自己的需求选择合适的体育项目，共同参与健身活动。在运动中，家庭成员之间相互鼓励、交流互动，增进了感情。这种家庭式的健身方式让健身变得更加有趣味性和社交性。

总之，高校体育设施的多样性和全面性设计为社区居民提供了便捷、多元化的健身选择。这种设计理念不仅有助于提高人们的健康水平，还有助于促进社区的和谐与稳定。在未来的发展中，我们期待看到更多类似的体育设施，为人们提供更多元化的健身选择。

3. 营造健身文化

榜样的作用在促进全民健身中的重要性不言而喻。作为社会精英群体，高校师生通常具备较高的健康意识和锻炼习惯。他们的积极参与和示范，不仅可以为社区居民树立良好的榜样，还可以激发更多人的锻炼热情，带动更多人参与体育锻炼。

首先，高校师生的健康生活方式对社区居民具有显著的引领作用。他们的锻炼习惯、饮食习惯以及积极的生活态度都会成为社区居民效仿的范例。例如，高校师生经常在校园内进行晨跑或夜跑，那么周边的居民可能会因此受到启发，加入跑步的行列。这种榜样的力量，往往比单纯的宣传更具说服力。

其次，高校举办各类体育活动和赛事是推动全民健身的重要手段。高校可以利用其丰富的体育设施和资源，举办各种形式的体育活动和赛事，如运动会、健康讲座、亲子运动会等。这些活动不仅可以吸引社区居民的广泛参与，还可以为他们提供交流互动的平台，增强彼此之间的联系和友谊。以运动会为例，这类活动不仅能让参与者体验到运动的乐趣，还能促进社区间的交流与合作。在运动会上，社区居民可以展示自己的运动才能，增强自信心和归属感。同时，通过参与运动会，他们也可以结识更多志同道合的朋友，形成锻炼的伙伴关系，相互鼓励、督促，共同进步。

最后，高校还可以邀请专业的健身教练或体育明星为社区居民提供指导。他们可以传授科学的锻炼方法、正确的姿势和技巧，帮助参与者避免运动伤害。同时，与专业人士的交流互动也能激发社区居民对健身的热情和兴趣，促使他们更积极地投入体育锻炼。

高校在促进全民健身中发挥着举足轻重的作用。通过榜样的示范和各类体育活动的举办，高校可以为社区居民提供健康生活的引导和支持。这不仅有助于提高国民的整体健康水平，还能推动社会文明的进步与发展。因此，我们应该充分认识到高校在全民健身中的地位和价值，发挥其潜力，共同为建设健康、和谐的社会而努力。

4.教育和培训功能

高校作为我国教育体系的重要组成部分，不仅承担着培养人才的重任，也具有服务社会的功能。在当今社会，随着人们健康意识的提高，体育活动的普及和推广显得尤为重要。高校凭借其丰富的教育资源和师资力量，完全有能力也有责任在社区体育的发展中发挥更大的作用。

首先，高校可以提供专业的体育培训课程。这些课程不仅可以帮助社区居民掌握正确的锻炼方法和技巧，提高锻炼效果，还可以通过运动强身健体来预防疾病。例如，太极拳、瑜伽等体育项目，既能满足人们强身健体的需求，又具有深厚的文化底蕴，非常适合在社区中推广。高校可以通过派遣专业的体育教师或者组织学生志愿者，深入社区进行培训和指导，让更多的人受益于科学的体育锻炼。

其次，高校可以通过开放体育设施，开展健康教育和普及工作。众所周知，良好的运动环境是进行体育锻炼的前提条件。高校一般拥有完善的体育设施，如体育馆、田径场、游泳池等。这些设施在满足高校体育教学的同时，也可以向社区居民开放。居民可以在这里进行各种体育锻炼，提高身体素质。同时，高校还可以定期举办健康讲座、义诊等活动，提高居民的健康意识和自我保健能力。

最后，高校还可以与社会企业、政府机构合作，共同推动社区体育的发展。通过合作，可以整合各方面的资源，并形成合力，共同为提高社区居民的健康水平而努力。例如，可以与企业合作举办社区运动会，鼓励居民参与；与政府机构合作，争取政策支持，推动社区体育设施的建设和完善。

高校在推动社区体育发展中具有不可替代的作用。通过提供专业的体育培训课程、开放体育设施以及与社会各方合作，不仅可以提高社区居民的身体素质和健康水平，还能促进社区的和谐与稳定。因此，高校应该更加积极地参与社区体育的建设，为我国体育事业的发展作出更大的贡献。高校体育设施的社会化利用在促进全民健身方面也具有多方面的积极作用。通过提供便捷的健身场所、满足多样化需求、营造健身文化以及发挥教育和培训功能，高校可以为推动全民健身运动作出重要贡献。

（三）推动高校与社会的互动

高校作为教育和科研的高地，与社会的紧密互动是其不可或缺的一部分。通过开放体育设施，高校不仅能够将自身资源最大化利用，还能够建立起与社会各界更广泛、更深入的合作关系。

1. 增强高校与社会的联系

建立合作桥梁：对外开放体育设施为高校与社会各界建立联系提供了一个自然的平台。这种联系不仅限于体育领域，还可能扩展到文化、艺术、科研等多个方面。

对外开放体育设施不仅可以增强学生和教职工的体育活动参与度，也可以成为高校与社会各界交流互动的桥梁。这种联系不仅有助于高校更好地了解社会的需求和趋势，更可以推动文化、艺术、科研等方面的合作。比如，高校可以与企业合作，共同研发新型运动装备或技术；与社区合作，共同组织体育赛事或活动；与艺术团体合作，共同举办文化演出或展览。这样的合作模式不仅能够促进高校与社会的互动，更可以推动各领域的共同发展。

提升高校知名度：当高校的体育设施成为社区居民的健身场所时，高校的名称和形象也会更加深入人心。当社区居民在高校的体育设施中运动、健身时，他们会自然而然地感受到高校的氛围和文化，从而对高校产生好感。这种好感不仅可以提升高校的知名度，更可以吸引更多的优秀学生和教师前来就读或工作。同时，对外开放体育设施还可以让高校与社会形成更加紧密的联系，提高高校的社会影响力。

对外开放体育设施促进了高校与社会的交流合作，提升了高校的知名度和社会影响力，也为社区居民提供了更加优质的体育活动场所。因此，高校应该积极对外开放体育设施，为推动社会的发展作出更大的贡献。

2. 提供更多的实践机会

随着社会的进步和教育理念的转变，高校体育设施的开放策略越来越受到关注。这种开放不仅有助于提升设施的利用率，更能为学生和教师提供宝贵的实践和科研机会。对于学生而言，参与体育设施的管理、维护和运营工作，无疑是一种很好的实践体验。在此过程中，他们不仅能够锻炼组织协调能力，更能培养责任感和团队合作精神。这些品质在未来的职业生涯中会起到重要的作用。而且，通过实践，学生还能更深入地理解体育设施的运行机制，提升专业素养。而从教师的角度来看，与社区、企业等外部机构的合作，能为其提供更广阔的科研空间。例如，教师可以研究社区居民的健身行为，探索更有效的全民健身推广方式。因此这种合作模式不仅有助于提升教师的科研水平，更能为高校带来更多的学术声誉和资源。

值得一提的是，高校体育设施的开放策略还有助于提升校园文化氛围。当社区居民、企业员工等外部人士进入校园，与师生交流互动时，不仅能增进彼此的了解，还能促进校园文化的传播。总之，高校体育设施的开放策略不仅能为学生和教师提供实践和科研的机会，更能提升设施的利用率和高校的学术声誉。未来，随着教育理念的不断更新和社会发展的需要，这一策略必将发挥更大的作用。

3.促进资源共享与互利共赢

资源共享：在当今社会，资源的合理利用和共享显得尤为重要。开放体育设施作为高校资源共享的一种方式，不仅可以提高资源的利用率，还能通过与社会各界的合作实现资源的共享。例如，企业可以提供资金和技术支持，为高校体育设施的建设和维护提供强有力的后盾。同时，高校则可以提供场地和人力资源，使这些设施得到更加充分和合理的利用。这种合作模式有助于打造更加完善的健身环境，为更多的人提供优质的体育服务。

互利共赢：在资源共享的过程中，高校和社会各界可以实现互利共赢的目标。对于高校而言，开放体育设施可以为其带来更多的社会资源和支持，促进学校的体育事业发展。同时，与社会各界的合作也有助于增强高校的品牌形象和社会责任感。而对于社会各界来说，与高校的合作同样也是其发展的良好契机。通过与高校的合作，企业可以提高自身的品牌形象和社会影响力，同时也能借助高校的科研实力和人才优势，推动自身的技术创新和产品升级。这种互利共赢的关系有助于推动双方的共同发展，实现社会资源的优化配置。

为了更好地实现资源共享和互利共赢，高校和社会各界需要加强沟通和合作。高校应该积极寻求与社会各界的合作机会，开放更多的体育设施，吸引更多的社会资源投入。同时，社会各界也应积极参与高校的体育事业发展，共同推动我国体育事业的发展。此外，政府也应出台相关政策，鼓励和支持高校与社会各界的合作，为资源共享和互利共赢创造更加良好的环境和条件。

开放体育设施作为高校与社会各界资源共享的一种方式，具有非常广阔的发展前景。通过资源共享和互利共赢的合作模式，不仅可以提高资源的利用率，打造更加完善的健身环境，还能促进高校和社会各界的共同发展。因此，我们应积极推动这种合作模式的发展，为实现社会资源的优化配置和互利共赢的目标而努力。

4.推动社会文化进步

文化交流：高校开放的体育设施可以成为文化交流的场所。在这里，学生、教师和社会各界人士可以共同参与体育活动、观看比赛、举办文化活动等，促进了彼此之间的了解和交流。这种文化交流有助于推动社会文化的发展和进步。例如，在篮球场上，不同背景的学生可以一起打球，通过比赛和互动，他们可以了解彼此的文化、习惯和价值观。这样的交流可以增强学生的文化敏感性和包容性，使他们更好地融入多元化的社会。此外，高校还可以邀请社会各界人士参与体育活动和比赛，为他们提供一个了解校园文化和师生生活的机会。

社会服务：通过开放体育设施，高校可以为社会提供更多的服务和支持。这些服务和支持可以提高高校的社会声誉和影响力，同时也可以促进社会的和谐与进步。具体而言，高校可以与当地社区合作，定期举办体育赛事和活动。这些活动不仅可以丰富社区居民的业余生活，提高他们的身体素质，还可以促进社区内部的交流与合作。此外，高校还可以利用自己的专业优势，为社区提供健身指导和健康咨询服务。例如，体育学院的学生和教师可以为居民制订个性化的锻炼计划，帮助他们保持健康的生活方式。

高校开放的体育设施不仅有助于提高学生的身心健康水平，还为文化交流和社会服务提供了良好的平台。通过积极参与和贡献，高校可以更好地履行其社会责任，为社会的和谐与进步作出更大的贡献。开放式的体育设施也是推动高校与社会紧密互动的有效途径。通过这种方式，高校可以与社会各界建立更广泛的联系和合作，实现资源共享和互利共赢；同时也可以为学生提供更多的实践机会和就业渠道；为教师提供更多的科研合作机会；为社区提供更多的文化交流和社会服务机会。这种模式的出现对于推动体育事业的发展和社会进步具有重要意义。

二、社区体育活动

社区体育活动作为现代社会文化生活的重要组成部分，已经逐渐从简单的身体锻炼发展为一种全面促进居民身心健康、增强社区凝聚力的综合性活动。高校作为知识与人才的汇聚地，具有独特的优势来推动和支持社区体育活动的开展。

（一）提供技术支持和指导

1. 专业指导的重要性

正确的锻炼方法和科学的健身计划是确保体育锻炼效果、防止运动伤害的关键。由于每个人的身体状况、运动经验和健身目标都各不相同，因此个性化的专业指导显得尤为重要。高校的体育教师和教练团队通常具有深厚的体育理论知识和丰富的实践经验，他们能够根据社区居民的具体需求，提供有针对性的健身指导。例如，针对老年人，可以设计低强度、低风险的运动计划，帮助他们提高身体柔韧性、平衡感和心肺功能；对于年轻人，则可以提供高强度间歇训练（HIIT）等更具挑战性的锻炼方式，帮助他们快速提高体能、塑造健康体态。

2. 持续的技术支持

除了直接的健身指导外，高校还可以通过组织定期的技术交流、培训研讨会等活动，为社区体育活动提供持续的技术支持。这些活动可以涵盖运动生理、营养学、运动损伤预防等多个方面，能帮助社区居民更全面地了解科学健身的知识和方法。此外，高校还可以与社区合作，共同开发适合不同人群的健身课程和培训项目，确保社区体育活动的科学性和有效性。

3. 组织体育赛事和活动

高校拥有先进的体育场馆和设施，这些资源在满足校内教学需求的同时，也可以用于支持社区体育赛事和活动的举办。例如，高校可以与社区合作，利用周末或假期时间，开放体育场馆举办运动会、健身比赛、亲子活动等多样化的体育活动。这些活动不仅能够丰富社区居民的业余生活，提升他们的生活质量，还有助于增强社区的凝聚力和活力。通过参与这些活动，社区居民可以在轻松愉快的氛围中锻炼身体、交流感情、增进友谊，从而建立起更加紧密的社区关系。同时，这些活动还可以为不同年龄、不同背景的居民提供展示自己才能和技能的舞台，激发他们的自信心和成就感。

4. 培养体育精神

体育赛事和活动不仅是锻炼身体的场所，更是培养个人品质和团队精神的重要平台。通过参与比赛和活动，社区居民可以学习到公平竞争、尊重对手、团结协作等体育精神。这些精神不仅有助于个人成长和发展，还能够对社区的整体氛围产生积极影响。例如，团队合作精神的培养可以促进社区居民之间的互助互信，增强社区的凝聚力和向心力；竞争意识的提升则可以激发居民的积极性和创造性，推动社区的进步和发展。

高校通过提供技术支持和指导、组织体育赛事和活动等方式，可以有力地推动社区体育活动的开展。这不仅能够促进社区居民的身心健康，还能够加强社区凝聚力、促进和谐社区建设。同时，这种合作模式也有助于提升高校的社会声誉和影响力，实现高校与社会的互利共赢。

（二）开展体育培训和讲座

高校作为知识与技能的传播中心，拥有得天独厚的条件来开展体育培训和讲座。这些活动不仅可以帮助社区居民提升体育素养和健康意识，还能推动全民健身运动的深入开展。

1. 传授基本运动技能

高校可以组织专业的体育教师和教练团队，为社区居民提供基本的运动技能培训。这些培训可以涵盖多个体育项目，如游泳、篮球、瑜伽等，确保不同年龄和不同兴趣的居民都能找到适合自己的运动。通过系统的技能培训，居民可以掌握正确的运动姿势和方法，从而提高运动效果、避免运动伤害。

2. 传播健康理念

除了具体的运动技能培训外，高校还可以通过讲座、研讨会等形式，向社区居民传播健康的生活理念和科学的健身知识。例如，可以邀请医学、营养学等领域的专家，对如何合理饮食、科学锻炼等话题进行深入浅出地讲解，帮助居民树立正确的健康观念。

3. 推动全民健身

通过持续的体育培训和讲座，高校可以帮助社区居民培养起良好的锻炼习惯。当居民掌握了一定的体育知识和技能后，他们更有可能在日常生活中坚持体育锻炼，从而提高身体素质和生活质量。这种习惯的养成不仅有助于个人的健康，还能为社区营造积极向上的健身氛围。

4.举办健身活动

为了鼓励更多居民参与到体育锻炼中来，高校可以联合社区举办各类健身活动。例如，可以定期举办健身挑战赛、运动打卡活动等，激发居民的锻炼热情和积极性。同时，高校还可以为参与者提供科学的健身指导和评估，确保他们在活动中能够安全、有效地进行锻炼。

5.深化社区合作

为了确保体育培训和讲座的持续开展，高校可以与社区建立起长期稳定的合作机制。例如，可以设立专门的联络小组，定期沟通培训计划和讲座内容，确保活动符合社区居民的实际需求。同时，双方还可以共同探讨如何优化培训形式和内容，提高活动的吸引力和影响力。

6.资源共享与互补

高校与社区在体育资源方面各有优势，通过合作可以实现资源的共享与互补。例如，高校可以提供专业的师资力量和教学资料，而社区则可以提供场地等资源。这种合作模式不仅可以提高资源的利用效率，还能促进双方更深入的合作与交流。

高校通过开展体育培训和讲座等活动，积极参与和推动社区体育活动的开展。这不仅有助于实现高校资源的最大化利用，还能促进社区居民的身心健康和全面发展，从而推动社区和社会的和谐发展。同时，这种合作模式也有助于提升高校的社会声誉和影响力，实现高校与社会的互利共赢。

第二节　社会资源投入与回报

一、合作伙伴关系建立

随着高校体育向社会服务模式的转变，合作伙伴关系的建立变得至关重要。这不仅有助于高校实现资源的优化配置和最大化利用，还能推动高校体育事业的持续发展和社会影响力的提升。

（一）寻找合适的合作伙伴

在寻找合作伙伴的过程中，高校需要考虑多方面的因素，确保找到的合作伙伴能够与自身的发展目标和需求相契合，同时实现资源的互补。

1. 目标契合

在选择合作伙伴时，明确高校自身的发展目标和需求是至关重要的。例如，如果高校的目标是提高学生的身体素质和运动技能，那么潜在的合作伙伴可能包括体育用品品牌、健身俱乐部或专业的体育培训机构。这些机构通常拥有丰富的体育资源和教学经验，可以与高校共同设计和实施有针对性的体育课程和培训项目。通过与这些机构合作，高校可以更有效地实现自身目标，同时为学生提供更优质的体育教育和锻炼机会。此外，如果高校的目标是提升体育科研水平或推动体育文化的传播，那么可以寻找与这些目标相契合的学术研究机构或文化机构作为合作伙伴。通过与这些机构合作，高校可以获得更多的学术资源、研究支持和文化交流机会，从而促进自身体育科研和文化建设的发展。

2. 资源互补

除了目标契合外，资源的互补性也是选择合作伙伴的重要考虑因素。理想的合作伙伴应该能够提供高校所缺乏的资源，如资金、物资、技术等方面的支持。例如，一些企业可能愿意为高校的体育设施建设或体育赛事提供资金赞助；另一些组织则可能拥有先进的体育技术或教学方法，可以与高校共享这些技术和方法，提升高校体育教学的效果和质量。这种合作不仅可以弥补高校在某些方面的不足，还能够为高校的体育发展提供新的动力和支持。同时，这种合作模式也有助于推动高校与社会的紧密互动和共同发展。

选择合适的合作伙伴对于高校体育事业的发展具有重要意义。通过明确自身的发展目标和需求，寻找与之相契合且具有资源互补性的合作伙伴，高校可以更有效地推动自身体育事业的发展，实现资源的优化配置和最大化利用。这不仅有助于提升高校的社会声誉和影响力，还能够为社会的和谐发展作出贡献。

（二）明确合作目标与内容

1. 共同目标

在决定与某个组织或企业建立合作关系之前，高校首先需要与该组织或企业进行充分的沟通和交流。在这一过程中，双方应共同讨论和确定合作的总体目标。这些目标应与双方的长期发展战略和愿景相一致，同时也要考虑到社会的需求和期望。例如，高校的目标是提升学生的体育素养和身心健康，而合作方是一家体育用品品牌，那么双方可以共同设定一个目标，即通过合作推广健康的生活方式和提供优质的体育用品，来促进学生的体育锻炼和健康成长。这样的共同目标有助于凝聚双方的合作力量，形成强大的合作动力。

2. 任务分工

一旦合作目标确定下来，接下来就需要对具体的合作内容进行明确的规划和分工。这一步骤的关键在于确保各项任务和职责能够被明确界定并分配到各个合作伙伴。例如，在上述的合作案例中，高校可能负责提供体育教育的专业知识和场地资源，而合作方则可能负责提供体育用品、资金支持以及市场推广等方面的资源。通过这样的分工，双方可以充分发挥各自的优势和特长，实现资源的最大化利用。同时，明确的任务分工也有助于减少合作过程中的冲突和误解。每个合作伙伴都清楚地知道自己的职责和期望成果，这有助于避免因为职责不清或目标不一致而产生的矛盾和摩擦。另外为了确保任务分工的有效实施，双方还可以建立一个定期沟通和评估的机制。通过这个机制，双方可以及时分享进展、解决问题，并对合作项目的成果进行定期评估和调整。

明确合作目标与内容是建立成功合作关系的关键步骤。通过设定共同目标和明确的任务分工，高校和合作伙伴可以确保合作项目的顺利实施和资源的有效利用，从而为双方的长期发展和社会福祉作出贡献。

（三）建立稳定的合作机制

为了确保高校与合作伙伴之间的合作关系能够稳定、持久地发展，并产生实质性的成果，建立稳定的合作机制至关重要。

1. 定期沟通

定期沟通是维持合作关系稳定和持续发展的基石。高校与合作方应该建立一个定期沟通的机制，如每季度或每半年召开一次合作会议。这样的会议可以为双方提供一个平台，便于交流工作进展、分享成功经验、讨论遇到的问题，并共同商讨解决方案。通过定期沟通，双方可以及时了解合作项目的实施情况，确保项目按照既定的时间表和计划进行。同时，定期沟通也有助于增强双方之间的信任和理解，减少误解和冲突的可能性。

2. 制定合作计划与项目

为了确保合作的有效性和目标导向性，高校与合作方应该共同制定合作计划和设立合作项目。合作计划应明确双方的合作目标、时间表、里程碑以及预期成果。而合作项目则应是实现这些目标和计划的具体行动和措施。合作计划和项目的制定应是一个共同参与的过程，双方都应该充分发表自己的意见和建议，确保计划和项目能够充分反映双方的利益和需求。同时，这些计划和项目也应是灵活可调的，以便根据合作过程中的实际情况进行必要的调整和优化。

3. 反馈与调整

在合作过程中，双方都应关注合作的实际效果，并及时收集反馈意见。这些反馈可以来自学生、教师、社区成员等不同的利益相关者。通过收集和分析这些反馈意见，双方可以了解合作项目的效果和存在的问题，并及时进行必要的调整和改进。反馈与调整的过程应是一个持续循环的过程，它贯穿于整个合作期间。这有助于确保合作项目始终保持在正确的轨道上，并能实现既定的目标和计划。同时，这也能够提高合作的效率和质量，使合作关系更加稳固和持久。

建立稳定的合作机制对于高校与合作伙伴之间的合作关系至关重要。通过定期沟通、制订合作计划与项目以及持续的反馈与调整，双方可以确保合作关系的稳定发展，并能实现既定的目标和计划。

二、体育赛事的社会影响

辽宁教育学院通过体育赛事不仅提升了学生的身体素质和运动技能，还在社会上产生了积极而深远的影响。

（一）校园体育活动丰富多彩

辽宁教育学院充分认识到体育赛事对学生身心健康和全面发展的重要性。为此，学院定期组织各种形式的校园体育活动，以确保每个学生都有机会参与并从中受益。

1. 多样化的活动形式

学院的活动形式多样，既包括大型的运动会，也有小型的单项比赛，如篮球联赛、足球比赛、羽毛球锦标赛等。这些活动覆盖了不同的运动项目和技能水平，满足了不同学生的兴趣和需求。

2. 全员参与与师生互动

学院鼓励师生共同参与体育活动。教师不仅是活动的组织者和指导者，同时也是参与者。这种师生互动的形式不仅提高了活动的趣味性和互动性，还有助于加深师生之间的了解和信任，促进了校园文化的和谐发展。同时，通过教师的亲身参与，也能为学生树立积极健康的榜样，激发他们的运动热情。

3. 提升运动水平与培养品质

这些体育活动不仅提高了学生的运动水平和身体素质，更重要的是，在参与活动的过程中，学生学会了如何与他人合作、如何面对挑战和如何保持积极的心态。这些经历对于培养学生的团队合作精神、竞争意识和心理健康都具有不可估量的价值。

4. 社会影响与校园文化

随着这些校园体育活动的深入开展，它们的影响逐渐从校园内扩展到校园外。学院的运动队和优秀运动员经常代表学校参加各种级别的比赛，他们的出色表现和体育精神在社会上产生了积极的影响，提升了学院的社会声誉。同时，这些活动也成为校园文化的重要组成部分，营造了积极向上、健康活泼的校园氛围。

辽宁教育学院的校园体育活动丰富了学生的课余生活，提升了他们的身体素质和运动技能，在培养学生的团队合作精神、竞争意识和心理健康等方面发挥了重要作用。同时，这些活动也在社会上产生了积极而深远的影响，展现了学院在体育教育和校园文化建设方面的卓越成果。

（二）体育社团建设

体育社团建设是高校体育发展的重要组成部分，它为学生提供了多样化的体育活动选择，有助于培养学生的体育兴趣和技能。辽宁教育学院在这方面做得尤为出色，学院提供了多种体育社团供学生选择，包括篮球社、足球社、瑜伽社等。这些社团涵盖了不同的运动项目和技能水平，满足了不同学生的兴趣和需求。学生可以根据自己的喜好和特长选择适合自己的社团，从而在体育领域得到更深入的发展。

1. 专业的指导教师

每个体育社团都有专业的指导教师。这些教师具备丰富的体育知识和教学经验，能够为学生提供专业的指导和训练。他们不仅关注学生的技能训练，还注重培养学生的体育精神和团队协作能力。通过与专业教师的互动，学生也可以获得更全面的发展。

2. 完善的训练计划

为了确保社团活动的有效性和持续性，学院为每个体育社团制订了完善的训练计划。这些计划包括定期的集体训练、个人辅导以及比赛前的集训等。通过系统的训练，学生逐步提高了自己的技能水平，并更好地融入团队。

3. 展示自我的平台

体育社团为学生提供了一个展示自我的平台。在这里，学生既可以发挥自己的特长，展示自己的成果，又可以获得自信心和成就感，进一步激发他们的运动热情。

4. 培养领导能力和团队协作精神

在体育社团中，学生不仅是一名参与者，还可能担任一定的组织和管理职务。这有助于培养学生的领导能力和团队协作精神。通过与队友的合作、组织比赛和活动等，学生可以学会如何与他人沟通、如何协调团队资源以及如何处理突发情况等。这些能力在未来的生活和工作中都是非常重要的。

辽宁教育学院通过多样化的体育社团选择、专业的指导教师、完善的训练计划以及展示自我的平台等方式，为学生提供了丰富的体育学习和锻炼机会。这些社团不仅提高了学生的身体素质和运动技能，还培养了他们的领导能力和团队协作精神。学院的体育社团建设为学生的全面发展和社会影响力的提升作出了积极的贡献。

（三）志愿者服务

志愿者服务在体育赛事中发挥着越来越重要的作用，它不仅能够为赛事提供必要的支持，还能够促进社会和谐与提升个人品质。辽宁教育学院在这方面做出了努力。

1. 鼓励学生参与

辽宁教育学院认识到志愿者服务在体育赛事中的重要性，因此积极鼓励学生参与其中。学院不仅在校园内宣传志愿者服务的价值和意义，还通过提供必要的培训和支持，帮助学生克服困难，积极参与。

2. 建立合作关系

为给学生提供更多的志愿者服务机会，学院与多个体育赛事组织建立了合作关系。这些合作关系的建立为学生提供了更广泛的参与平台，使他们能够亲身参与大型赛事的筹备和组织工作。

3. 亲身体验体育赛事的魅力

通过参与志愿者服务，学生能够亲身体验体育赛事的魅力和激情。他们不仅可以看到世界级运动员的风采，还可以感受到比赛现场的紧张与刺激。这样的经历能够激发学生对体育的热爱，并培养他们的体育精神。

4. 培养社会责任感和奉献精神

志愿者服务是一个回馈社会、服务他人的机会。通过参与志愿者服务，学生能够培养自己的社会责任感和奉献精神。他们不仅为赛事的成功举办作出了贡献，还为社会和谐与进步作出了贡献。

5. 与专业人士交流学习

在志愿者服务的过程中，学生有机会与来自不同背景和专业领域的专业人士交流学习。这种交流不仅有助于学生拓宽视野、增长见识，还能够为他们提供与未来潜在雇主或合作伙伴建立联系的机会。

总之，辽宁教育学院通过鼓励学生参与体育赛事的志愿者服务，为学生提供了宝贵的学习和成长机会。通过亲身参与和与专业人士的交流，学生不仅能够培养自己的社会责任感和奉献精神，还能够拓宽视野、增长见识。学院的这一举措有助于提高学生的综合素质和社会影响力，为他们在未来的生活和工作中打下坚实的基础。

（四）社会影响与成果

辽宁教育学院通过组织多样化的校园体育活动、加强体育社团建设以及鼓励志愿者服务等方式，不仅提升了学生的身体素质和运动技能，还在社会上产生了积极而广泛的影响。

1. 提升学院知名度和影响力

学院通过组织各种体育赛事吸引了大量观众和媒体的关注。这些赛事不仅吸引了校内学生的关注，也吸引了校外观众和媒体的广泛关注。通过赛事的宣传和报道，学院的知名度和影响力得到了显著提升。

2. 加强与当地社区的交流与合作

体育赛事成为学院与当地社区交流与合作的桥梁。在赛事举办过程中，学院与当地社区的居民和企业建立了联系，增进了相互了解和信任。这种交流与合作有助于学院更好地融入当地社区，并为未来的合作打下基础。

3. 提供实践机会和就业资源

体育赛事为学生提供了丰富的实践机会和就业资源。学生可以在赛事筹备和组织过程中积累实践经验，提升自己的组织能力和协调能力。同时，通过参与体育赛事，学生还有机会结识来自不同领域和专业的人士，拓展自己的人际资源，为未来的职业发展打下基础。

4. 促进校园文化建设和社会责任履行

体育赛事作为校园文化的重要组成部分，有助于营造积极向上、健康活泼的校园氛围。通过参与体育赛事，学生可以培养团结协作、顽强拼搏的精神品质，促进校园文化的健康发展。同时，体育赛事也是学院履行社会责任的一种方式，通过体育教育和体育活动，学院为社会培养了更多具有健康体魄和良好品质的人才。

辽宁教育学院通过组织体育赛事产生了广泛而深远的社会影响。学院的实践案例和经验表明，高校在体育赛事方面的积极作用不仅有助于学生的全面发展，还能提升学院的知名度和影响力，促进与当地社区的合作与交流，为学生提供实践机会和就业资源。这些经验对于其他高校开展体育赛事活动具有重要的参考价值。

第六章　数字化时代的高校体育发展

大数据在教学中的应用

一、数据驱动的教学决策

随着计算机技术的发展和大数据时代的到来，数据在教育领域的应用逐渐受到重视。作为一种新型的教学策略，数据驱动为体育教学带来了革命性的变革。

（一）学生数据收集

在数字化时代，大数据已经成为推动各行各业发展的重要力量，高校体育也不例外。数据驱动的教学决策作为大数据应用的一个重要方面，正在逐渐改变传统的体育教学模式，使体育教学更加个性化、精准和高效。在体育教学中，学生数据的收集是实现数据驱动教学决策的基础和前提。这些数据不仅可以帮助教师更全面地了解学生的学习情况和个体差异，还可以为教师教学提供有力的支持和指导。

1.体能测试成绩

体能测试成绩是评估学生身体素质和运动能力的重要指标。通过定期的体能测试，教师可以获取学生在力量、速度、耐力、柔韧性、协调性等方面的数据。这些数据不仅可以反映学生的身体状况和运动水平，还可以帮助教师发现学生的潜在优势和不足，为后续的教学提供有针对性的指导。

在收集体能测试数据的过程中，教师作为组织者和评估者，扮演着至关重要的角色。为了确保数据的准确性和可靠性，更好地评估学生的体能状况和运动能力，教师需要注意以下几点：首先，选择合适的测试项目至关重要。教师在选择测试项目时，需要根据教学目标和学生的实际情况，选择能够反映学生身体素质和运动能力的项目。如果教学目标是提高学生的耐力，那么可以选择长跑作为测试项目；如果目标是增强学生的力量，则可以选择举重等力量型项目。同时，教师还需要考虑到学生的年龄、性别和身体状况等因素，以确保测试项目的针对性和适应性。其次，确保测试的准确性和可靠性是教师必须关注的问题。在测试过程中，教师需要严格遵守测试规范，确保测试操作的正确性和标准化。例如，在测量身高和体重时，教师需要确保学生站在正确的位置，身体姿势正确；在计时测试中，教师需要使用准确的计时设备，并确保学生按照规定的路线进行测试。此外，教师还需要对测试数据进行审核和校验，以确保数据的准确性和可靠性。最后，定期更新数据也是非常重要的。学生的体能状况会随着时间的变化而有所不同，因此教师需要定期组织学生进行体能测试，以便及时了解学生的最新身体状况和运动水平。通过定期更新数据，教师可以更好地评估学生的体能发展情况，并为学生提供更有针对性的指导和建议。此外，教师还可以通过比较不同时间段的数据，发现学生的优势和不足之处，从而更好地调整教学计划和训练方案。

教师在收集体能测试数据时需要注意选择合适的测试项目、确保测试的准确性和可靠性以及定期更新数据。通过认真执行这些注意事项，教师可以更好地评估学生的体能状况和运动能力，并为学生提供更有针对性的指导和建议。这有助于提高学生的身体素质和运动能力，促进学生的全面发展。

2.运动技能表现

运动技能表现是评估学生运动技能掌握情况的重要指标。教师可以通过观察学生的运动技能练习和比赛表现，记录学生的技术动作、战术应用以及团队合作等方面的数据。这些数据可以帮助教师了解学生的学习进度和掌握情况，及时发现并解决学生在运动技能方面的问题。

在收集运动技能表现数据时，教师需要注意以下几点：

首先，明确评估标准是教师进行学生运动技能表现评估的基础。教师在制定评估标准时，应充分考虑体育课程的教学目标、教学内容和学生实际水平等因素。例如，在篮球教学中，教师可以将投篮准确性、运球技巧和团队合作能力等作为评估标准，以便更好地衡量学生在这些方面的表现。明确评估标准有助于教师准确判断学生的技能掌握情况，为后续的教学和训练提供依据。其次，多角度观察是评估学生运动技能表现的关键。教师需要从多个角度观察学生的技术动作、战术应用和团队合作等方面的表现。例如，在足球教学中，教师可以从传球准确性、射门技巧、防守能力以及团队配合等方面对学生进行观察。通过多角度的观察，教师可以全面了解学生的技能水平，发现学生的不足之处，为后续的教学和训练提供指导。最后，及时反馈是评估学生运动技能表现的重要环节。在收集到学生的运动技能表现数据后，教师需要及时向学生反馈，帮助学生了解自己的不足之处，并提供改进建议和指导。例如，在跳远教学中，教师可以根据学生的起跳姿势、空中姿态和落地技术等方面进行反馈，指导学生如何调整技术动作以提高成绩。及时地反馈可以激发学生的学习兴趣和动力，促进学生的技能提高。

明确评估标准、多角度观察以及及时反馈是评估学生运动技能表现的重要实践策略。教师在体育教学中应充分运用这些策略，全面、准确地评价学生的技能水平，为后续的教学和训练提供有力支持。同时，教师还应该关注学生的个体差异和个性化需求，为每个学生提供有针对性的指导和帮助，促进全体学生的全面发展。

3. 课堂参与度

课堂参与度是评估学生学习态度和学习兴趣的重要指标。教师可以通过观察学生在课堂上的表现，了解学生的学习兴趣、学习态度以及社交互动等情况。这些数据可以帮助教师发现学生的学习问题和潜在需求，为教师改进教学方法和策略提供依据。

在收集课堂参与度数据时，为确保数据的准确性和可靠性，教师需要注意以下几点：

首先，教师需要全面观察学生在课堂上的表现。包括观察学生的听讲情况、发言情况、小组讨论情况以及课堂练习完成情况等方面。为了更准确地评估学生的参与度，教师还可以观察学生在课堂上的肢体语言、面部表情和互动情况。通过全面观察，教师可以更好地了解学生的学习状态和参与程度。其次，教师需要及时记录学生的表现情况。在观察过程中，教师可以使用各种工具，如笔记本、电子设备等，记录学生的表现。记录的内容可以包括学生的发言内容、参与讨论的情况、课堂练习的完成情况等。及时的记录可以避免遗忘，为后续的数据分析提供准确依据。最后，在收集到课堂参与度数据后，教师需要进行综合分析。教师需要深入分析数据，了解学生的学习态度、学习兴趣等方面的整体情况。同时，教师还需要结合其他相关数据，如体能测试成绩、运动技能表现等，对学生进行全面评估和分析。通过综合分析，教师可以发现学生的优势和不足，为后续的教学提供有针对性的建议。此外，为了确保数据的准确性和可靠性，教师还需要注意以下几点：首先，教师需要保持客观公正的态度，避免主观偏见影响数据的收集和分析。其次，教师需要定期对数据进行复核和校验，以确保数据的准确性。最后，教师需要不断总结经验，完善数据收集和分析的方法，提高数据的可靠性。

教师在收集课堂参与度数据时需要注意全面观察、及时记录、综合分析等方面。通过准确的数据分析，教师可以更好地了解学生的学习状态和参与程度，为后续的教学提供有针对性的建议，促进学生的学习进步和个人发展。学生数据的收集是实现数据驱动教学决策的基础和前提。通过合理有效地收集和处理学生数据，教师可以更加全面地了解学生的学习情况和个体差异，为后续的教学提供有针对性的指导和支持。同时，学生数据的收集也有助于教师发现教学过程中的问题和不足之处，为教师改进教学方法和策略提供依据和参考。

（二）数据分析与挖掘

数字化时代，高校体育教学中收集的大量数据为教育工作者提供了前所未有的洞察机会。但仅仅收集数据并不足够，如何有效地分析和挖掘这些数据，进而为教学决策提供支持，才是数据驱动教学的真正价值所在。

1. 数据清洗

数据清洗在数据分析中扮演着至关重要的角色，它是数据分析过程的第一步，也是最基础的一步。对于体育教学的数据而言，数据清洗的目标是确保数据的准确性、一致性和完整性，为后续的数据分析提供可靠的基础。

在体育教学的上下文中，数据清洗可能涉及的操作包括去重处理、错误值处理和缺失值处理。去重处理主要是删除重复记录，确保每个学生或每次测试的数据只被记录一次，避免重复数据对分析结果的影响。错误值处理是识别并处理异常值、错误输入或不合理的数据，如某学生的体能测试成绩突然大幅下降，可能需要核实该次测试的有效性。缺失值处理则是针对数据中的缺失部分，采用插值、均值填充等方法进行补充，或根据数据的分布情况进行合理推测。通过数据清洗，教师可以得到一个干净、准确的数据集，为后续的分析和挖掘提供可靠的基础。具体而言，数据清洗有助于发现数据中的异常模式和趋势，为教师提供更加准确、可靠的信息，帮助教师更好地理解学生的学习情况和体能状况，从而更好地指导学生的训练和提高教学质量。同时，数据清洗也有助于提高数据分析的效率和精度，为体育教学的决策提供更加科学、客观的依据。

数据清洗是数据分析的重要环节，对于体育教学领域的数据分析来说也不例外。通过数据清洗，可以确保数据的准确性、一致性和完整性，为后续的数据分析提供可靠的基础。同时，数据清洗也有助于提高数据分析的效率和精度，为体育教学的决策提供更加科学、客观的依据。因此，在进行数据分析之前，必须进行必要的数据清洗工作。

2. 数据分析

通过数据分析，教师可以更加深入地了解学生的整体表现和个体差异，为个性化教学提供有力依据。

（1）描述性统计

描述性统计是对数据进行概括性描述的一种方法，通过计算均值、中位数、标准差等统计量，可以对学生的体能测试成绩、课堂参与度等进行全面而准确的了解。

均值：均值是所有数据点的平均值，它可以反映学生整体的表现水平。例如，计算学生体能测试成绩的均值，可以了解该班级学生的平均体能水平。

中位数：中位数是将数据按大小排列后位于中间的数，它对于极端值的影响较小，更能反映大多数学生的真实水平。在体能测试中，中位数可以帮助教师了解中等水平学生的表现。

标准差：标准差是衡量数据波动程度的一个指标，它可以反映学生之间的差异性。标准差较大说明学生之间的成绩波动较大，可能存在两极分化的情况；标准差较小则说明学生成绩相对集中，整体水平较为一致。

（2）相关性分析

相关性分析是探索不同指标之间关联程度的一种方法。在体育教学中，教师可以利用相关性分析来探究体能测试成绩与运动技能表现之间的关系。

正相关：如果体能测试成绩好的学生运动技能表现也较好，那么这两者之间就存在正相关关系。这意味着提高学生的体能水平有助于提升他们的运动技能表现。

负相关：如果体能测试成绩好的学生运动技能表现较差，那么这两者之间就存在负相关关系。这可能是因为学生在某些方面存在不足，需要教师进行针对性的指导和训练。

无相关：如果体能测试成绩与运动技能表现之间没有明显的关联，则说明这两者是相互独立的。这时，教师需要从其他方面寻找影响学生运动技能表现的因素。

（3）趋势分析

趋势分析是对学生多次体能测试成绩进行追踪和分析的一种方法，它可以帮助教师了解学生身体素质的发展趋势。

进步趋势：如果学生的体能测试成绩在多次测试中呈现出稳步上升的趋势，那么说明学生的身体素质在不断提高。这可能是因为学生进行了有效的锻炼和训练，或者是因为教师的教学方法得当。

退步趋势：如果学生的体能测试成绩在多次测试中呈现出下降的趋势，那么说明学生的身体素质在下降。这时，教师需要找出原因并采取相应的措施来帮助学生提高身体素质。

稳定趋势：如果学生的体能测试成绩在多次测试中保持稳定，那么说明学生的身体素质保持稳定。这时，教师可以根据学生的实际情况进行有针对性的指导和训练，以帮助学生进一步提高身体素质。

通过描述性统计、相关性分析和趋势分析等方法对数据进行深入分析，教师可以更加全面地了解学生的整体表现和个体差异，从而为个性化教学提供有力依据。这不仅有助于提高教学效果和质量，也有助于培养学生的综合素质和终身体育意识。

3.数据挖掘

数据挖掘是更深层次的数据分析，旨在通过复杂的算法和技术，发现隐藏在数据中的模式、规律和关联。数据挖掘在教育领域的应用日益广泛，它能够帮助教师从大量的学生数据中提取有价值的信息，进而优化教学方法和策略。在体育教学的背景下，数据挖掘可以应用于以下方面。

（1）聚类分析

聚类分析是一种无监督学习方法，它能够将相似的对象聚集在一起，形成不同的组或簇。在体育教学中，聚类分析可以应用于学生的体能测试成绩、运动技能表现等多维度数据，从而发现具有相似特征的学生群体。

多维度评估：聚类分析可以综合考虑学生的多个方面，如力量、速度、耐力、柔韧性等体能指标，以及篮球、足球、游泳等运动技能的表现。这种方法避免了单一标准的局限性，使得评估更加全面和客观。

个性化教学：通过聚类分析，教师可以识别出不同学生群体的特点和需求。例如，一些学生可能在力量方面表现出色，但在柔韧性方面有所欠缺；另一些学生则可能相反。了解这些差异后，教师可以针对不同群体制订个性化的训练计划，从而提高教学效果。

发现潜在问题：聚类分析还可以帮助教师发现潜在的问题。如果某个学生群体在多个维度上的表现都低于平均水平，那么可能需要进一步关注这个群体的学习状态和动机。

（2）预测模型

预测模型是利用历史数据构建的数学模型，用于预测未来的趋势或结果。在体育教学中，预测模型可以用于预测学生未来的体能状况、运动技能发展趋势等。

趋势预测：通过分析学生历史体能测试成绩和运动技能表现的数据，预测模型可以揭示出学生的发展趋势。如果一个学生的成绩在过去几年中持续提高，那么模型可能会预测他在未来也会有较好的表现。

风险预警：预测模型还可以用于识别可能面临学习困难的学生。通过分析学生的历史数据和其他相关因素（如学习态度、家庭背景等），教师可以及早发现潜在的风险因素，并采取相应的干预措施。

个性化教学计划：基于预测模型的结果，教师可以为每个学生制订个性化的教学计划。例如，对于预测未来体能状况可能下滑的学生，教师可以提前调整训练计划，加强相关方面的训练。

（3）关联规则挖掘

关联规则挖掘是一种用于发现数据集中隐藏关联的技术。在体育教学中，它可以用于探索不同指标之间的隐藏关联，如某种特定的训练方法与提高某项运动技能之间的关联。

教学方法优化：通过关联规则挖掘，教师可以发现某些特定的教学方法或训练手段与学生运动技能提高之间的关联。这种信息可以帮助教师优化教学方法，提高教学效果。

资源合理配置：了解不同教学方法或训练手段与学生运动技能提高之间的关联后，教师还可以更加合理地配置教学资源。如果某种低成本的训练方法被证明同样有效，那么可以在资源有限的情况下优先采用这种方法。

激发教学创新：关联规则挖掘的结果有时可能会揭示出意想不到的联系。这些发现可以激发教师的教学创新灵感，探索新的教学方法和策略。

数据挖掘技术在体育教学中具有广泛的应用前景。聚类分析、预测模型和关联规则挖掘可以帮助教师更深入地了解学生的需求和特点，发现影响学生学习效果的关键因素，并据此优化教学方法和策略。这不仅有助于提高教学效果和质量，也有助于培养学生的综合素质和终身体育意识。

数据分析与挖掘在高校体育教学中具有巨大的潜力。通过合理的数据清洗、分析和挖掘流程，教师可以更准确地了解学生的学习情况和需求，实现个性化教学，提高教学效果。同时，数据分析与挖掘也有助于教师发现教学中的问题和不足，为持续改进教学方法和策略提供有力支持。

（三）教学决策与优化

在完成了数据收集、清洗、分析与挖掘后，最关键的部分是将这些数据逐渐转化为实际行动，即进行有针对性的教学决策。

1. 个性化教学计划

（1）学生分类的重要性

随着教育数据化的推进，大量学生的学习数据被积累下来。这些数据中蕴藏着学生的学习特点、体能状况、技能掌握情况等多方面的信息。利用数据挖掘技术对这些信息进行分析，可以将学生分为不同的群体，每个群体具有相似的体能、技能或学习特点。这种分类不仅有助于教师更全面地了解学生，还能为个性化教学提供有力支持。

（2）基于聚类分析的学生分类

聚类分析是一种根据对象间的相似性进行分组的数据挖掘技术。在学生数据中应用聚类分析，可以将学生分为不同的群体。这些群体可能具有相似的体能水平、技能表现或学习风格。例如，一些学生可能在力量型运动上表现突出，而另一些学生可能在技巧型运动上更胜一筹。

（3）定制教学内容的策略

针对不同学生群体，教师应设计不同的教学内容和训练计划，以满足他们的特定需求。这种个性化教学策略能够确保每个学生都能在最适合自己的环境中得到发展。

体能差异化教学：对于体能较差的学生，教师可以设计有针对性的基础体能训练计划，帮助他们逐步提升体能水平。对于体能较好的学生，则可以安排更高强度的训练，以挑战他们的极限。

技能分层教学：在技能掌握方面，学生之间的差异可能更为明显。教师可以根据技能水平将学生分组，并为每个组别设计不同难度的训练任务。这样，技能较弱的学生可以在低难度任务中逐步建立自信，技能较强的学生则可以在高难度任务中持续挑战自我。

学习风格适应教学：学生的学习风格也是影响教学效果的重要因素。通过数据挖掘分析学生的学习数据，教师可以发现学生的学习偏好和习惯。例如，有的学生可能更善于通过视觉学习，另一些学生则可能更依赖于听觉或动手实践。针对不同学习风格的学生，教师可以采用相应的教学策略，如使用图表、讲解或实验等方法。

（4）动态调整教学计划

学生的学习是一个持续变化的过程。随着学习的深入和数据的反馈，教师应定期重新评估学生的需求，并相应地调整教学计划。这种动态调整可以确保教学计划始终与学生的实际需求保持同步，从而提高教学效果。

实时监控学习进度：教师可以通过数据分析实时掌握学生的学习进度和成绩变化。一旦发现学生在某些方面存在困难或进步缓慢，教师可以及时调整教学策略，为学生提供有针对性的辅导和支持。

定期评估与反馈：定期对学生进行全面的评估是动态调整教学计划的重要环节。教师可以通过综合考试、课堂表现、作业完成情况等多方面信息来全面评价学生的学习效果。同时，及时向学生提供反馈和建议，帮助他们明确自己的优势和不足，从而制订更加合理的学习计划。

灵活调整教学内容：随着学生学习需求的变化，教师应灵活调整教学内容和训练计划。例如，当发现学生对某一知识点掌握较好时，教师可以适当减少该知识点的讲解时间，转而加强其他薄弱环节的教学。同时，教师还应鼓励学生积极参与课堂讨论和活动，培养他们的自主学习能力和合作精神。

基于数据挖掘的学生分类与个性化教学策略对于提高教学效果具有重要意义。通过科学分类和实施个性化教学策略，教师可以更好地满足学生的需求，激发他们的学习兴趣和动力，培养出更加全面、优秀的人才。

2. 教学方法改进

教学效果评估在教育实践中扮演着至关重要的角色。通过对不同教学方法下的学生成绩、参与度等数据的对比分析，教师可以全面、客观地评估各种教学方法的实际效果。这样的评估不仅有助于教师了解学生的学习状况，还能为教学方法的改进提供有力的数据支持。

在传统的教学方法中，教师往往采用讲授式教学，这种方式虽然能够系统地传授知识，但容易让学生感到枯燥乏味，缺乏参与感。因此，当教师发现某种传统教学方法效果不佳时，应积极寻求创新。例如，引入游戏化学习、合作学习等新方法，这些方法能够激发学生的学习兴趣和积极性，提高他们的参与度。当然，教学方法的改进是一个持续的过程，绝非一蹴而就。教师需要持续跟踪新方法的使用效果，收集学生和同事的反馈意见，并根据反馈进行迭代和优化。只有这样，教师才能不断完善自己的教学方法，提高教学质量。

教学效果评估是教学方法创新和持续改进的基础。通过科学、客观地评估各种教学方法的效果，教师可以更好地了解学生的学习需求，激发他们的学习兴趣，提高教学质量。同时，教师还需要不断跟踪新方法的使用效果，持续改进自己的教学方法，以适应不断变化的教育环境和学生需求。

3. 教学资源优化

（1）资源分配

在教育领域，资源的合理分配是至关重要的。为了确保学生能够获得最优质的教育体验，教师需要根据学生的实际需求和数据反馈，灵活地分配教学资源。如果某些运动项目受到学生的热烈欢迎，教师就可以考虑增加这些项目的教练和场地资源，以满足学生的需求。而对于需求较小的项目，可以适当减少资源投入，确保资源的合理利用。

（2）资源共享

资源共享是提高资源利用效率的有效途径。不同的体育项目之间，有些教学资源是可以相互借鉴和共享的。例如，体能训练设备可以在多个项目之间共享使用，避免了设备的闲置和浪费。通过资源共享，教师可以更加充分地利用现有资源，提高教学效果，培养学生的团队协作精神。

（3）技术引入

随着科技的不断发展，教育领域也在不断创新。积极引入新的教育技术，如虚拟现实（VR）、增强现实（AR）等，可以为学生提供更加生动、形象的学习体验。这些技术可以帮助学生更加深入地理解知识，提高他们的学习兴趣和积极性。同时，教师可以利用这些技术丰富教学手段，提高教学效果。

教师在体育教学中应注重资源的合理分配、共享和技术引入，确保学生能够获得最优质的教育体验。通过不断地优化教学资源和管理方式，教师可以为学生创造更好的学习环境，培养他们的综合素质和团队协作精神。

4. 预警与干预

问题识别：通过数据分析，教师可以及时发现学生的学习问题，如体能下降、技能掌握不足等。

预警系统：建立学生表现的预警系统，当学生的数据出现异常或下降趋势时，系统自动提醒教师关注并采取相应措施。

个性化干预：针对不同学生的问题，教师可以设计个性化的干预措施，如提供额外的辅导、调整训练计划等。

5. 反馈循环与持续优化

学生反馈：鼓励学生提供关于教学内容、方法、资源等方面的反馈，以便教师了解学生的实际需求和感受。

定期评估：定期对教学计划和方法进行综合评估，确保其与实际需求保持一致并持续改进。

数据驱动决策文化：在高校体育教学中培养一种数据驱动决策的文化，使所有教学相关的决策都基于客观的数据分析和挖掘结果。

通过合理利用数据分析结果，教师可以实现更加个性化、精准和高效的教学决策。这不仅有助于提高学生的学习效率和满意度，也有助于高校体育教学质量的整体提升。

（四）长期跟踪与反馈

随着大数据和人工智能技术的不断发展和普及，数据驱动决策已经逐渐成为各行各业的重要决策方式，高校体育教学也不例外。数据驱动的教学决策不仅有助于教师更加全面、深入地了解学生的学习情况和需求，还能为教学提供科学、客观的依据，从而提高教学效果和学生的学习成果。但是数据驱动的教学决策并不是一次性的活动，而是一个持续的过程，需要进行长期的跟踪和反馈。

1. 长期跟踪的重要性

在高校体育教学中，学生的身体素质、运动技能和学习需求都是不断变化的。因此，仅仅进行一次性的数据分析和教学决策是远远不够的。教师需要定期收集和分析数据，不断跟踪学生的学习进度和表现，以便及时发现并解决潜在问题。长期跟踪可以确保教学决策的持续有效性和适应性。通过定期的数据收集和分析，教师可以了解学生在不同学习阶段的需求和变化，进而调整教学策略和方法，确保教学与学生需求的持续匹配。

2. 反馈机制的建立

有效的反馈机制是数据驱动教学决策持续改进的关键。这包括两个方面的反馈：一是学生对教学的反馈，二是教学数据对教学决策的反馈。

学生反馈：学生是最直接的教学受众，他们对教学的感受和意见对于改进教学具有重要的参考价值。因此，教师应鼓励学生提供关于教学内容、方法、资源等方面的反馈，并及时响应和处理学生的意见和建议。

数据反馈：通过定期的数据分析，教师可以了解教学效果和学生表现的变化趋势。当发现某种教学策略或方法效果不佳时，教师应及时调整教学策略或方法，以提高教学效果。这种基于数据的反馈和调整是一个持续的过程，需要教师进行长期的跟踪和关注。

3.教师教学能力提升

长期跟踪和反馈不仅有助于改进教学策略和方法，还能促进教师教学能力的提升。通过不断地数据分析和反思，教师可以更加深入地了解学生的学习需求和问题，进而提升自己的教学水平和能力。同时，长期的跟踪和反馈也有助于教师评估自己的教学效果。通过对比不同时间段的数据，教师可以客观地评估自己的教学效果和改进程度，为自己的职业发展制订更加明确的目标和计划。

4.挑战与对策

虽然数据驱动的教学决策具有诸多优势，但在实际实施过程中也面临着一些挑战，如数据收集的准确性和完整性、数据分析的复杂性和技术性等。为了应对这些挑战，教师需要不断提高自己的数据素养和分析能力，积极寻求与专业技术人员的合作和支持。此外，高校和教育管理部门也应加强对数据驱动教学决策的支持和引导，包括提供必要的技术和资源支持、建立完善的数据管理和分析体系、推广成功的教学案例和经验等。

长期跟踪和反馈是数据驱动教学决策持续改进和优化的关键。通过建立有效的反馈机制和不断提升教师的教学能力，确保数据驱动的教学决策在高校体育教学中发挥更加重要的作用，推动高校体育教学质量的不断提升。

二、体育健康管理系统

随着科技的快速发展和大数据技术的广泛应用，高校体育教学也正在经历一场深刻的变革。体育健康管理系统作为这场变革的重要产物，正在为高校体育教学和学生健康管理带来前所未有的便利和效益。

（一）身体状况监测

1. 定期身体检查与体能测试

在高校体育教学中，确保每位学生的身体健康状况得到及时、准确的监测是至关重要的。定期身体检查和体能测试是实现这一目标的有效手段。通过系统内置的定期身体检查和体能测试功能，高校可以全面评估学生的身体健康状况，为后续的教学计划和健康管理提供科学依据。

2. 定期身体检查

身高与体重测量：身高和体重是最基础的身体指标，能够反映学生的生长发育情况和营养状况。通过体育健康管理系统的自动测量设备或学生自行上报数据，系统可以准确记录每位学生的身高和体重信息。

（1）身体质量指数计算

身体质量指数（BMI）是评估身体肥胖程度的一个常用指标，能够帮助学生了解自己的体重是否处于健康范围。系统会根据学生的身高和体重自动计算出 BMI 指数，并根据国际或国内标准判断学生是否存在体重过轻、正常、过重或肥胖等问题。

（2）其他基础检查

包括视力、听力、血压等基础生理指标的测试。这些检查旨在发现学生可能存在的潜在健康问题，以便及时采取干预措施。

（3）心肺功能测试

测试项目：通常包括长跑、台阶试验等，用于评估学生的心肺耐力和有氧运动能力。

意义：心肺功能是身体健康的重要标志，良好的心肺功能有助于学生更好地应对日常学习和生活压力。

3. 力量与耐力测试

实施内容：包括握力测试、俯卧撑、仰卧起坐等，用于评估学生的肌肉力量和耐力。

重要性：力量与耐力是学生身体素质的重要组成部分，对于提升运动表现和预防运动损伤具有重要意义。

4.柔韧性测试

实施方式：通过坐位体前屈等测试来评估学生的关节灵活性和肌肉伸展能力。

意义：良好的柔韧性有助于学生更好地完成各种运动动作，降低运动损伤的风险。

所有检查和测试结果将通过体育健康管理系统进行记录和分析。系统会生成每位学生的健康报告，不仅包括各项指标的数值结果，还会根据专业医学和运动科学知识提供个性化的解读和建议。这些数据和分析结果将为教师提供有针对性的教学指导依据，帮助学生制订个性化的运动和健康计划。

定期身体检查和体能测试是体育健康管理系统中的重要环节，它们为学生提供了全面评估自身身体状况的机会，并为教师和学校提供了改进和完善体育教学计划的科学依据。通过这些检查和测试，高校可以更加精准地满足每位学生的健康和运动需求，促进学生全面发展。

（二）运动表现分析

随着科技的进步，运动表现分析已经从传统的经验判断转变为基于大数据的精确分析。体育健康管理系统通过详细记录学生的运动数据，为教师提供了更加全面、深入了解学生运动能力的途径。这种分析方式不仅有助于提升教学效果，还能为学生提供更加个性化的训练建议，促进学生的全面发展。

1.运动数据记录

体育健康管理系统能够准确记录学生的运动时间，从而判断其运动耐力和持久性。长时间的持续运动通常意味着较好的心肺功能和肌肉耐力。运动强度的记录则能够反映学生在运动过程中的努力和挑战程度。高强度的运动往往意味着更高的能量消耗和更好的锻炼效果。

卡路里消耗：通过记录学生在运动过程中的卡路里消耗，系统可以帮助学生更加直观地了解自己的能量消耗情况，进而制订合理的饮食和锻炼计划。卡路里消耗数据也可以作为教师评估学生运动强度和效果的重要参考。

技能水平：体育健康管理系统能够记录学生在各项运动技能方面的表现，如投篮命中率、跑步速度、跳远距离等。这些数据有助于教师更加准确地评估学生的技能水平和进步情况。

2. 表现评估与反馈

通过对运动数据的整理和分析，系统能够生成学生运动成绩的详细报告。这些报告可以直观地展示学生在各项运动中的表现和成绩，便于教师和学生进行横向和纵向的对比。

进步情况追踪：体育健康管理系统能够根据历次运动数据的变化，分析学生的进步情况和发展趋势。这种追踪方式可以让学生和教师更加清晰地看到学生的成长和变化，进而调整教学计划和训练方案。

个性化训练建议：基于对学生的运动数据和表现评估，体育健康管理系统能够为学生提供个性化的训练建议。这些建议包括针对特定技能的练习方法、适合的运动强度和频率等，旨在帮助学生更加高效地进行锻炼和提升运动能力。

教学改进建议：通过对大量学生运动数据的深度分析，系统能够发现教学中可能存在的问题和不足之处。如果发现某项技能大部分学生掌握不佳，系统会建议教师增加对该技能的讲解和练习时间。这种基于数据的反馈有助于教师不断优化教学方法和内容，提升教学效果。

体育健康管理系统的运动表现分析功能为高校体育教学带来了革命性的变化。通过详细记录学生的运动数据并生成详尽的评估报告，该系统能够为教师和学生提供更加全面、深入的了解学生运动能力的途径。这种基于数据的分析和评估方式有助于教师提升教学效果，促进学生更加全面地发展。

（三）健康行为管理

学生的健康不仅取决于体育锻炼，还与其日常的健康行为密切相关。体育健康管理系统通过记录和分析学生的饮食、睡眠、心理压力等健康行为，为学生和教师提供了更加全面的健康管理手段。这种管理方式旨在帮助学生建立健康的生活习惯，预防潜在的健康问题，提升整体生活质量。

1. 健康行为记录

饮食习惯：体育健康管理系统会详细记录学生的饮食情况，包括摄入的食物种类、数量、时间等。这些数据有助于分析学生的饮食结构是否合理，是否存在偏食、暴饮暴食等问题。良好的饮食习惯是维持身体健康的基础。通过记录和分析饮食数据，学生可以更加清晰地了解自己的饮食习惯，进而做出调整和改善。

睡眠状况：系统会记录学生的睡眠时长、深度、质量等信息。这些数据能够反映学生的睡眠习惯和睡眠质量。充足的睡眠对于身体的恢复和心理健康至关重要。通过分析睡眠数据，学生可以了解自己的睡眠状况，发现可能存在的睡眠问题，并及时采取措施进行调整。

心理压力：系统可能通过定期的心理测试或问卷调查来评估学生的心理压力水平。这些数据能够揭示学生是否存在焦虑、抑郁等心理问题。心理压力是现代学生面临的常见问题之一。通过记录和分析心理压力数据，学生可以更加及时地认识到自己的心理状况，并寻求适当的帮助和支持。

2. 个性化健康指导

基于健康行为数据的分析：体育健康管理系统会对收集到的健康行为数据进行深入分析，识别学生的健康风险点和潜在问题。例如，通过分析饮食数据，系统可以发现学生摄入的某些营养素不足；通过分析睡眠数据，系统可以发现学生存在睡眠不足的问题。

个性化建议的生成：基于对学生健康行为数据的分析结果，体育健康管理系统会生成个性化的健康指导和建议。这些建议旨在帮助学生改善不良的健康习惯，建立健康的生活方式。例如，对于睡眠不足的学生，系统会提供改善睡眠环境的建议；对于饮食不均衡的学生，系统会推荐适合的营养补充方案。

持续的健康管理：体育健康管理系统不仅提供一次性的健康指导，还会根据学生的健康行为变化持续更新和调整建议。这种持续的管理方式有助于学生逐渐形成健康的生活习惯，并长期保持健康的身体和心理状态。

通过详细记录和分析学生的健康行为，体育健康管理系统为学生和教师提供了更加全面、个性化的健康管理手段。这种管理方式不仅有助于学生及时发现并改善不良的健康习惯，还能促进其整体健康水平的提升。在未来，随着技术的不断进步和系统的不断完善，相信体育健康管理系统将在学生健康管理领域发挥更加重要的作用。

（四）综合分析与决策支持

在当今这个数据驱动的时代，高校管理层对于全面、准确的数据分析结果的需求日益迫切。体育健康管理系统不仅关注个体的运动与健康状况，还能从宏观角度为高校管理层提供宝贵的数据洞察。这些分析结果对于学校的体育政策制定、资源分配以及长期规划具有深远的指导意义。

1. 综合分析功能

系统能够汇总并分析全校学生的健康数据，包括体检结果、运动表现、健康行为等，从而得出整体健康状况的评估。这种宏观的视角有助于学校管理层快速了解当前学生的健康水平及其变化趋势。

运动参与率分析：通过对学生参与体育活动和课程的记录进行统计，系统能够计算出全校或各年级、班级的运动参与率。这一指标反映了学校体育活动的吸引力和学生参与体育运动的积极性，有助于学校评估体育活动的组织效果。

体育设施使用情况分析：系统还能记录并分析学校体育设施的使用情况，包括设施的使用频率、时间段、使用人群等。这些数据可以帮助学校管理层评估现有体育设施的满足程度，是否需要增加投入或进行设施升级。

2. 决策支持功能

体育政策制定：基于对学生的健康状况、运动参与率等的分析结果，学校管理层可以更加有针对性地制定体育政策。如果发现学生的整体健康水平有所下降，学校会加大体育锻炼的宣传力度，增加体育课程的课时。

资源分配优化：通过对体育设施使用情况的深入分析，学校可以更加合理地分配资源。例如，对于使用频率较高的设施，学校会增加维护和更新预算；对于使用不足的设施，学校会考虑进行重新规划或改建为其他功能区域。

长期规划与目标设定：体育健康管理系统的综合分析功能还能为学校提供历史数据的纵向对比和不同学校之间的横向对比，帮助学校设定更加明确和切实可行的长期发展目标。这种基于数据的决策方式有助于确保学校体育教育的持续进步和发展。

体育健康管理系统的综合分析与决策支持功能为高校管理层提供了全面而深入的数据洞察。这些分析结果不仅有助于学校更加科学地制定体育政策和分配资源，还能推动学校体育教育的持续改进和创新。随着技术的不断发展和应用范围的扩大，相信这一系统将在未来为高校体育教育和学生健康管理贡献更大的力量。

第二节　电子商务与体育经济

一、体育产品线上销售

随着互联网技术的不断发展和普及，电子商务已经成为各行各业不可或缺的一部分。对于体育产业来说，线上销售模式的兴起无疑为其带来了前所未有的商业机遇和变革。

（一）市场覆盖的广泛性

随着互联网技术的不断进步和普及，电子商务已经成为现代商业领域不可或缺的一部分。对于体育产业而言，线上销售的出现无疑为其带来了巨大的变革和机遇。过去，受限于实体店铺的地理位置和覆盖范围，体育产品的销售往往局限于某一地区或城市。而如今，借助电子商务平台，体育品牌和产品得以迅速拓展其市场覆盖范围，实现全国乃至全球的广泛传播和销售。

1. 突破地理限制

实体店铺的销售模式往往因受到地理位置的制约导致其覆盖范围有限。线上销售则完全打破了这一限制，使体育品牌和产品能够迅速触及全国范围内的消费者。不论消费者身处大城市、小城镇还是偏远地区，只要有稳定的互联网连接，消费者就能够轻松访问到电子商务平台，浏览并购买心仪的体育产品。

2. 全球市场机会的开拓

除了国内市场，线上销售还为体育品牌和产品提供了进军国际市场的可能性。通过电子商务平台，无须在当地设立实体店铺，品牌就可以直接接触到全球各地的消费者。这不仅大大降低了体育品牌进入新市场的成本和风险，还使品牌能够更快速地响应全球市场的变化和需求。

3. 消费者群体的多样化

线上销售不仅拓展了市场的地理范围，还使得体育品牌和产品能够接触到更加多样化的消费者群体。电子商务平台汇聚了来自不同年龄、性别、职业和兴趣爱好的人群，他们在这里寻找并购买符合自己需求的体育产品。这种多样化的消费者群体为品牌提供了更多的市场机会和潜在增长点。

4. 便捷性与即时性

对于消费者而言，线上销售带来的另一个显著优势是购物的便捷性和即时性。他们无须亲自前往实体店铺，只需通过电子设备访问电子商务平台，即可随时随地浏览和购买体育产品。此外，线上销售还提供了丰富的产品信息和用户评价，帮助消费者更加全面地了解产品性能和品质，从而作出更加明智的购买决策。

线上销售为体育产业带来了前所未有的市场覆盖广泛性。它不仅突破了地理限制，使品牌和产品能够迅速拓展到全国乃至全球市场，还为消费者提供了更加便捷、多样化的购物体验。在未来，随着电子商务技术的不断发展和创新，线上销售将在体育产业中发挥更加重要的作用。

（二）购物的便捷性

数字化时代，线上购物已经成为消费者日常生活中的重要组成部分。这种新型的购物方式为消费者带来了前所未有的便捷体验，彻底改变了传统的购物模式。以下是线上购物在便捷性方面的几个主要优势：

1. 时间与空间的自由

传统的实体店铺购物往往受到时间和空间的限制，消费者需要在店铺的营业时间内，亲自前往店铺进行选购。而线上购物完全打破了这一限制，消费者可以在任何时间、任何地点进行购物。无论是在深夜、清晨，还是在家中、办公室或外出途中，只要有互联网连接，消费者随时都可以访问电子商务平台，浏览并购买自己所需的体育产品。

2. 丰富的产品选择

线上购物平台为消费者提供了极其丰富的产品选择。在传统的实体店铺中，由于空间限制，店铺往往只能展示有限的产品种类和数量。而在线上，消费者可以轻松浏览到成千上万种不同的体育产品，包括各种品牌、型号、颜色和尺寸等。这种多样化的产品选择不仅满足了消费者的个性化需求，还让他们能够更加方便地比较不同产品的性能和价格。

3. 用户友好的购物界面

现代电子商务平台通常具有用户友好的购物界面，使消费者的购物过程更加顺畅和便捷。这些平台往往提供清晰的产品图片、详细的产品描述、用户评价和建议等，帮助消费者更加全面地了解产品信息。此外，许多平台还提供了一键下单、多种支付方式、灵活的配送选项等，进一步简化了购物流程，提升了消费者的购物体验。

4. 节省时间和精力

线上购物还能帮助消费者节省大量的时间和精力。在传统的实体店铺购物中，消费者可能需要花费数小时甚至一整天的时间在不同店铺之间奔波，寻找自己需要的产品。而线上购物，消费者可以通过简单地搜索和筛选功能，快速找到自己需要的产品，在几分钟内完成购买过程。这种高效的购物方式不仅节省了消费者的时间和精力，还让他们能够更加专注于享受购物的乐趣。

5. 个性化推荐与定制服务

许多电子商务平台利用大数据和人工智能技术，为消费者提供个性化的产品推荐和定制服务。通过分析消费者的购物历史、浏览行为和偏好等信息，这些平台能够精准地推荐符合消费者需求的产品和服务。这种个性化的推荐和定制服务不仅提高了消费者的购物满意度，还让他们能够更加方便地找到适合自己的体育产品。

线上购物为消费者带来了前所未有的便捷体验。它通过打破时间和空间的限制、提供丰富的产品选择、用户友好的购物界面以及个性化的推荐和定制服务等手段，极大地方便了消费者的购买过程，提升了他们的购物体验。在未来，随着技术的不断进步和创新，线上购物的便捷性将得到进一步提升和完善。

（三）产品的多样性

随着互联网和电子商务的飞速发展，消费者如今面临着前所未有的产品选择。在体育产业中，这种选择的多样性表现得尤为明显。电子商务平台为消费者打开了一个巨大的虚拟市场，包含了各种各样的体育产品，满足了不同人群、不同运动、不同层次的个性化需求。

电子商务平台上的体育产品种类繁多，几乎涵盖了所有与体育运动相关的商品。无论是专业运动员所需的高性能运动装备，还是业余爱好者适用的健身器材，抑或是日常运动所需的服饰和鞋履，消费者都能在这些平台上找到。此外，随着运动营养和健康管理日益受到消费者的重视，各种运动营养补给品和健康监测设备也成为电商平台上的热门产品。

在电子商务平台上，消费者可以接触到来自世界各地的体育品牌。这些品牌各具特色，有的专注于某一运动领域，有的则提供综合性的体育产品。这种多元化的品牌选择不仅丰富了消费者的购物体验，也促进了品牌之间的竞争和创新。消费者可以根据自己的喜好、预算和需求，在众多品牌中挑选出最适合自己的产品。

除了提供标准化的产品，许多电子商务平台还为消费者提供了个性化的定制服务。消费者可以根据自己的体型、运动习惯和个人喜好，定制专属的运动装备和服饰。这种定制服务不仅满足了消费者对独特性和舒适度的追求，也进一步推动了体育产业向个性化和精细化方向发展。

电子商务平台上的产品多样性不仅满足了消费者的需求，也促进了体育产业内部的竞争与创新。为了在众多品牌和产品中脱颖而出，厂商和品牌商需要不断研发新的技术和设计，推出更具创新性和竞争力的产品。这种竞争态势不仅推动了体育产品的不断更新换代，也提高了整个行业的水平和标准。

电子商务平台通常会为消费者提供详细的产品信息、用户评价和建议等，帮助消费者更加全面地了解产品信息。这使消费者能够更加方便地比较不同产品的性能、价格和其他因素，做出更加明智的选择。同时，许多平台还提供了个性化推荐系统，根据消费者的购物历史和偏好为其推荐合适的产品，进一步简化了选择过程。

电子商务平台为消费者提供了海量的体育产品选择，涵盖了各种类型、各种品牌的商品。这种丰富的产品多样性不仅满足了消费者的个性化需求，也促进了体育产业内部的竞争和创新。在未来，随着技术的不断进步和消费者需求的不断变化，电子商务平台将继续丰富和拓展其产品线，为消费者提供更加多元化、个性化的购物体验。

（四）价格透明化

数字化时代，随着电子商务的普及，产品价格逐渐变得透明化。对于体育产品而言，这种价格透明化现象尤为显著。它为消费者带来了诸多好处，也对体育品牌和产品提供商提出了新的挑战。

1. 价格信息的便捷获取

在过去，消费者想要了解某一体育产品的价格，需要亲自前往多家实体店铺进行询问和比较。而在电子商务平台上，消费者只需通过简单的搜索和浏览，就可以轻松获取大量产品的价格信息。这些平台通常会提供详细的产品描述、价格、促销活动等，让消费者能够更加方便地进行价格比较和选择。

2. 跨平台的比较购物

由于不同电子商务平台上的价格存在差异，消费者可以通过比较不同平台上的价格和产品信息，找到性价比最高的产品。这种跨平台的比较购物不仅节省了消费者的时间和精力，也让他们能够更加理性地对待消费，避免被高价或低质的产品所吸引。

3. 促进市场竞争和产品质量提升

价格透明化不仅有利于消费者，还对体育品牌和产品提供商产生了积极的影响。在激烈的市场竞争中，品牌商需要不断提升产品质量和服务水平，以吸引和留住消费者。同时，透明的价格信息促使品牌商更加合理地定价，避免过高或过低的价格对品牌形象和市场竞争力造成负面影响。

4. 增强消费者信任度

透明的价格信息有助于增强消费者对品牌的信任度。当消费者清楚地了解到产品的价格和促销活动时，他们会更加相信品牌的诚信和透明度。这种信任度不仅有助于提高品牌的声誉和口碑，也有利于建立长期稳定的客户关系。

5. 推动行业规范发展

随着价格透明化的深入发展，体育产业内部的竞争将变得更加规范和有序。品牌商和产品提供商将更加注重产品质量和服务水平的提升，而不是仅仅依靠价格战来争夺市场份额。这种良性的竞争态势将有利于整个行业的健康发展和持续创新。

价格透明化是电子商务时代的一个显著特征，它为消费者带来了更加便捷和理性的购物体验。同时，它也促使体育品牌和产品提供商不断提升自身实力和市场竞争力，以应对日益激烈的市场竞争。在未来，随着技术的不断进步和消费者需求的不断变化，价格透明化将继续深化发展，为体育产业带来更多的机遇和挑战。

（五）个性化服务与体验

数字化时代，个性化已经成为消费者服务的关键词。对于体育产品的销售而言，线上销售模式提供了实现个性化服务与体验的绝佳机会。以下是个性化服务与体验在体育产品线上销售中的几个主要优势：

电子商务平台通过收集和分析消费者的购物历史、浏览行为、搜索关键词等数据，可以构建出精准的用户画像。这些用户画像能够帮助品牌商更加深入地了解消费者的需求和喜好，为他们提供定制化的产品推荐和购物体验。这种数据驱动的精准营销不仅提高了营销活动的效率和效果，也提升了消费者的满意度和忠诚度。

除了提供标准化的产品，许多电子商务平台还为消费者提供了个性化的产品定制服务。消费者可以根据自己的体型、运动习惯和个人喜好，定制专属的运动装备和服饰。这种个性化的产品定制不仅满足了消费者对产品独特性和舒适度的追求，也进一步推动了体育产业向个性化和精细化的方向发展。

基于用户的购物习惯和偏好，电子商务平台可以优化购物流程，提供更加顺畅、便捷的购物体验。例如，平台可以为消费者提供一键下单、多种支付方式、灵活的配送选项等，以满足他们的不同需求。此外，平台还可以通过提供清晰的产品图片、详细的产品描述、用户评价和建议等，帮助消费者更加全面地了解产品信息，从而提升他们的购物体验。

通过线上销售模式，体育品牌可以与消费者建立更加紧密的联系和互动。品牌可以通过社交媒体、电子邮件、短信等方式，向消费者推送最新的产品信息、促销活动和品牌动态。同时，品牌可以通过在线客服、电话支持等渠道，为消费者提供及时的咨询和帮助，解决他们在购物过程中遇到的问题。

这种互动不仅增强了消费者对品牌的信任度和忠诚度，也提升了品牌的声誉和口碑。

个性化服务与体验的需求推动了体育产业内部的创新与发展。为了满足消费者的个性化需求，品牌商需要不断研发新的技术和设计，推出更具创新性和竞争力的产品。同时，电子商务平台需要不断优化其算法和技术，提供更加精准、智能的个性化服务。这种创新态势不仅推动了体育产品的不断更新换代，也提高了整个行业的水平和标准。

个性化服务与体验是体育产品线上销售的重要优势之一。它通过数据驱动的精准营销、个性化的产品定制、优化购物流程与体验以及增强品牌与消费者的互动等手段，既提升了消费者的满意度和忠诚度，也为体育品牌和产品提供商带来了更高的销售转化率和市场份额。在未来，随着技术的不断进步和消费者需求的不断变化，个性化服务与体验将在体育产业中发挥更加重要的作用。

二、体育赛事的线上传播

随着互联网的飞速发展，体育赛事的线上传播已经成为一种全新的、广受欢迎的观赛方式。这种传播方式不仅突破了传统媒体的局限性，还为观众带来了前所未有的观赛体验。

（一）实时性带来的观赛新体验

随着科技的飞速发展，互联网已经渗透到我们生活的方方面面，为各个领域带来了前所未有的变革。在体育领域，互联网技术的运用为观众带来了全新的观赛体验，其中最为突出的便是实时性所带来的变革。

1. 打破地域限制，实现全球同步观赛

过去，观众想要观看体育赛事，往往受到地域和时间的限制。他们需要提前购票、安排行程，甚至需要长途跋涉才能到现场观看比赛。而现在，通过互联网平台，观众可以实时观看体育赛事的直播，无论他们身处何地，只要有稳定的互联网连接，就能随时随地享受比赛的激情。这种实时直播的方式打破了地域的限制，让全球各地的观众能够在同一时间、同一平台上共同感受比赛的紧张氛围和激动人心的瞬间。

2. 实时互动，增强观众参与感

除了观看比赛直播外，互联网平台还为观众提供了实时互动的机会。观众可以通过弹幕、评论等方式与其他观众交流看法、分享情绪，营造出一种身临其境的观赛氛围。同时，一些平台还提供了竞猜、投票等互动环节，让观众能够更深入地参与比赛，增强了他们的参与感和归属感。

3. 多角度、全方位的观赛体验

通过互联网技术，观众可以获得比现场观赛更加丰富多元的观赛体验。一方面，他们可以通过多个摄像机位观看比赛，从不同角度捕捉精彩瞬间；另一方面，互联网平台提供了丰富的数据分析和实时解说，帮助观众更深入地理解比赛和运动员的表现。这种多角度、全方位的观赛体验让观众能够更加全面、深入地感受到比赛的魅力。

4. 推动体育传播和交流

实时性的观赛体验不仅丰富了观众的感官享受，也推动了体育文化的传播和交流。通过互联网平台，观众可以接触到来自世界各地的体育赛事和运动员，了解不同国家和地区的体育文化和发展状况。这种跨地域、跨文化的交流有助于促进全球体育事业的共同发展和繁荣。

互联网技术的实时性为观众带来了前所未有的观赛新体验。它打破了地域和时间的限制，让全球观众能够实时同步观看比赛；通过实时互动和多元化展示方式增强了观众的参与感和观赛体验；推动了体育文化的传播和交流。在未来，随着技术的不断进步和创新，我们有理由相信实时性将继续引领体育观赛体验的革命性变革。

（二）互动性提升观众参与感

随着互联网技术的不断发展，线上传播已经成为人们获取信息和娱乐的主要方式之一。在体育领域，线上传播不仅让观众能够实时观看比赛，更重要的是，它提供了一种全新的互动体验，极大地提升了观众的参与感。在过去，观众观看体育赛事时，只能被动地接受信息，无法与其他观众进行实时交流。但在互联网时代，弹幕和评论等功能的出现，打破了这一限制。观众可以通过弹幕在屏幕上实时发表自己的看法和感受，与其他观众分享观赛心得。这种交流方式不仅增加了观赛的趣味性，也让观众感到自己不再是一个旁观者，而是成为了比赛的一部分。除了弹幕和评论外，社交媒体也是提升观众参与感的重要平台。通过社交媒体，观众可以关注自己喜爱的运动员、解说员等，与他们进行互动和交流。例如，观众可以在微博上给运动员点赞、留言，或者在抖音上观看他们的训练和生活短视频。这种互动方式既让观众感到自己与运动员的距离更近了一步，也让他们更加深入地了解到运动员和比赛背后的故事。

线上传播还为观众提供了线上投票和竞猜等互动环节。观众可以通过投票参与到比赛中的一些决策中，如选择最佳球员、预测比赛结果等。这种参与方式不仅增强了观众的参与感，也让他们感到自己的意见和选择得到了重视。同时，竞猜环节还为观众提供了一种观赛的乐趣，让他们在享受比赛的同时，也能感受到竞技体育的紧张和刺激。线上传播的互动性不仅体现在交流方式上，还体现在互动内容的多样性上。不同的观众有着不同的需求和兴趣点，因此，线上传播平台提供了多种互动体验，以满足不同观众的需求。例如，一些平台提供了虚拟现实的观赛体验，让观众仿佛身临其境；还有一些平台提供了专业化的数据分析和解读，帮助观众更深入地理解比赛和运动员的表现。

线上传播的互动性为观众提供了更加丰富和深入的参与体验。通过弹幕、评论、社交媒体等方式，观众可以与其他观众和比赛相关人员进行实时交流；通过线上投票、竞猜等环节，观众可以更加积极地参与比赛。这种互动性不仅提升了观众的参与感和满意度，也为体育赛事的传播和推广带来了新的可能性和机遇。

（三）多媒体化呈现比赛全貌

随着互联网技术的飞速发展，多媒体传播已经成为人们获取信息的主要方式。体育赛事的线上传播，以多媒体化的呈现方式为观众带来了前所未有的观赛体验。通过文字、图片、视频等多种媒体形式的有机结合，线上传播不仅让观众能够实时观看比赛，还能让他们更加全面、深入地了解比赛的全貌。高清的视频直播是线上传播体育赛事的主要形式之一。通过高清的摄像头和先进的传输技术，观众可以清晰地看到运动员的每一个动作和表情，感受到比赛的紧张和激情。与传统的电视转播相比，线上视频直播不受时间和地域的限制，观众可以根据自己的喜好选择合适的观赛时间和地点。同时，一些先进的直播平台还提供了多视角观看、回放、慢动作等功能，让观众能够更加自由地选择观赛方式，不错过任何一个精彩瞬间。除了视频直播外，线上传播还通过实时的数据分析和图表展示，让观众更加直观地了解比赛进程和结果。这些数据不仅包括比分、时间等基本信息，还包括运动员的个人数据、团队的战术分析等。通过这些数据，观众可以更加深入地了解运动员的表现和比赛的策略，增加了观赛的深度和广度。不仅如此，一些平台还提供了实时更新的数据排名和统计，让观众能够随时掌握比赛的最新动态和趋势。除了视频和数据外，线上传播还通过图片和文字报道对体育赛事进行全方位的呈现。这些报道不仅包括比赛的新闻和评论，还包括运动员的专访、背景介绍等。通过这些内容，观众可以更加全面地了解比赛的背景和故事，增加观赛的趣味性和深度。另外一些平台还提供了多语种的报道和翻译，让观众能够跨越语言障碍，与运动员共同分享体育的快乐和激情。

在多媒体化的呈现方式中，社交媒体的作用不可忽视。通过社交媒体平台，观众可以与其他观众、运动员、解说员等进行互动和交流，分享观赛心得和感受。这种互动不仅增加了观赛的趣味性，也让观众感到自己不再是一个旁观者，而是成为比赛的一部分。同时，社交媒体还为观众提供了获取比赛信息和动态的新渠道，让他们能够随时掌握最新的比赛情况和新闻。

线上传播的多媒体化呈现方式为观众带来了更加全面、深入的观赛体验。通过高清的视频直播、实时的数据分析和图表展示、丰富的图片和文字报道以及社交媒体的互动传播，观众可以更加深入地了解比赛的全貌和运动员的表现。这种多媒体化的传播方式无疑提高了观赛的质量和体验，为体育赛事的传播和推广带来了新的可能性和机遇。

（四）全球化推动体育文化交流

在全球化日益盛行的今天，互联网技术的迅猛发展不断地打破地域和文化的界限，推动全球范围内的信息交流与文化融合。体育赛事的线上传播，作为这一趋势中的重要组成部分，正以其独特的方式促进全球体育文化的交流与融合。

通过互联网平台，体育赛事的线上传播能够轻易覆盖全球范围内的观众。无论是位于繁华都市还是偏远乡村，只要有稳定的网络连接，观众就能够实时观看各类体育赛事。这种广泛的覆盖能力不仅极大地扩展了体育赛事的影响力，也让更多的人能够接触到不同国家和地区的体育文化，增进对全球体育的理解和认同。

线上传播不仅让全球观众能够共同关注同一场体育赛事，更重要的是，它为不同文化背景下的观众提供了一个交流和互动的平台。观众可以通过弹幕、评论、社交媒体等方式与其他国家和地区的观众进行实时交流，分享各自的观赛心得和文化特色。这种跨文化的交流不仅丰富了观众的观赛体验，也有助于观众增进不同文化之间的相互理解和尊重。

线上传播的另一个重要作用是推广和普及体育知识。通过文字、图片、视频等多种媒体形式，线上传播平台可以向观众提供丰富的体育知识和信息，包括运动员介绍、赛事历史、运动技巧等。这种传播方式不仅提高了观众的体育素养，也有助于培养他们对体育的兴趣和热爱。

线上传播的全球化还推动了体育产业的全球化发展。通过线上平台，体育品牌、赞助商和广告商可以更加便捷地接触到全球范围内的潜在消费者，拓展其市场份额和品牌影响力。同时，线上传播也为体育产业的创新和发展提供了新的机遇和可能性，如虚拟现实技术、在线竞猜等新型观赛体验的出现。

最重要的是，线上传播的全球化有助于促进全球体育精神的传承和弘扬。通过线上平台，观众可以接触到来自世界各地的优秀运动员和他们的励志故事，感受到体育所蕴含的拼搏、团结和公平竞争的精神。这种精神的传承不仅有助于培养观众的健康生活方式和价值观，也为构建更加和谐美好的世界提供了重要支撑。

体育赛事的线上传播通过覆盖全球观众、搭建跨文化交流桥梁、推广普及体育知识、推动体育产业全球化发展以及促进全球体育精神传承等方式，正在积极推动全球体育文化的交流与融合。随着互联网技术的不断进步和应用范围的不断扩展，我们有理由相信，线上传播将在未来继续发挥更加重要的作用，推动全球体育文化向着更加多元、包容和开放的方向发展。

第七章　国际合作与交流

国际体育教学交流

一、学术交流项目

学术交流项目是国际体育教学交流的重要组成部分，主要包括学术会议、研讨会、讲座等形式。通过这些项目，高校体育教师可以与来自世界各地的同行进行深入的学术交流和探讨，分享最新的体育教学研究成果和教学经验。

（一）促进学术创新

随着全球化的发展和信息技术的进步，学术交流已经跨越了国界和地域的限制，为各领域的专家提供了一个分享知识、经验和研究成果的平台。对于高校体育教师而言，参与学术交流项目不仅是一个学习和提升的机会，更是一个激发创新思维和学术灵感的重要途径。

1.开阔视野，拓展研究思路

学术交流项目为高校体育教师提供了与国内外同行直接对话的机会。通过与不同背景、不同研究领域的专家交流，教师可以接触到不同的理论框架、研究方法和技术手段，从而开阔视野，拓展研究思路。这种跨界的交流有助于教师打破思维定式，激发新的学术灵感和研究方向。

2.共享资源，推动合作研究

学术交流项目往往涉及多个高校和研究机构，这些机构通常拥有丰富的学术资源和研究设施。通过参与交流项目，高校体育教师可以共享这些资源，提高研究效率和质量。此外，交流项目还为教师提供了寻找合作伙伴的机会，有助于建立长期稳定的合作关系，共同推动体育教学研究的创新和发展。

3.提升学术素养，增强国际竞争力

参与学术交流项目有助于提升高校体育教师的学术素养和国际竞争力。通过与国内外同行的交流，教师可以了解到最新的学术动态和研究趋势，从而提高自己的学术水平和影响力。同时，与国际同行的交流还有助于提升教师的外语能力和跨文化交际能力，为未来的国际合作和交流打下基础。

4.推动教育教学改革

学术交流项目不仅关注学术研究，还涉及教育教学改革。通过参与交流项目，高校体育教师可以了解到国内外先进的体育教学理念和方法，推动本校体育教学改革的深化和发展。同时，教师还可以借鉴其他学校的成功经验和做法，结合本校实际情况进行教育教学改革探索和实践。

学术交流项目对高校体育教师的学术创新具有积极的促进作用。通过参与交流项目，教师可以开阔视野、拓展研究思路、共享资源、提升学术素养和国际竞争力，推动教育教学改革的深化和发展。因此，高校应积极支持和鼓励体育教师参与学术交流项目，为教师的学术创新和发展提供有力支持。

（二）提高教学水平

随着教育改革的不断深入和体育教学理念的不断更新，提高教学水平成为了每一位高校体育教师的重要任务。而参加学术交流项目，为教师们提供了一个难得的学习和提高的机会。

1.接触前沿教学理念和方法

学术交流项目通常汇集了来自不同国家和地区的专家学者，他们带来了各自在体育教学领域的最新研究成果和实践经验。通过参与这些项目，高校体育教师可以第一时间了解到国际前沿的体育教学理念和方法，更新自己的教育观念，跟上时代步伐。

2.学习先进教学技术和手段

除了教学理念和方法，学术交流项目还会展示各种先进的教学技术和手段，如在线教育平台、虚拟现实技术、智能教学辅助工具等。通过学习和掌握这些技术，教师可以更加生动形象地呈现教学内容，提高学生的学习兴趣和参与度，提升教学效果。

3. 改进教学方式，提升教学效果

新的教学理念和方法以及先进的教学技术和手段，为高校体育教师改进自己的教学方式提供了有力支持。教师可以根据学生的需求和特点，灵活运用不同的教学方法和手段，设计更加符合学生认知规律的教学过程。这样不仅可以提高学生的学习兴趣和积极性，还能够培养学生的自主学习能力和创新精神，提升教学效果和质量。

4. 促进教师专业成长

参加学术交流项目不仅是学习新知识和技能的过程，更是一个促进高校体育教师专业成长的过程。通过与国内外同行的交流和学习，教师可以不断拓展自己的学术视野和专业领域，提高自己的学术素养和教育教学能力。同时，教师可以借此机会建立广泛的学术联系和合作网络，为未来的教学和科研工作打下坚实的基础。

参加学术交流项目对于提高高校体育教师的教学水平具有显著的作用。通过接触前沿的教学理念和方法、学习先进的教学技术和手段、改进教学方式以及促进教师专业成长，教师可以不断提升自己的教学能力，为学生提供更加优质的教育服务。

（三）加强国际合作

在全球化的今天，国际合作在各个领域都显得尤为重要，体育教学领域也不例外。学术交流项目作为连接不同国家和地区、不同文化和学术背景的桥梁，对于加强国际合作、推动国际体育教学的发展具有不可替代的作用。

1. 建立广泛的国际合作网络

学术交流项目为高校体育教师提供了一个与国际同行建立联系和合作的平台。通过参与这些项目，教师可以结识来自世界各地的专家学者，了解他们的研究方向和成果，从而建立起广泛的国际合作网络。这种网络不仅有助于促进教师个人之间的合作，还能够为高校之间的合作打下基础。

2. 共同开展研究项目

国际合作网络建立后，高校可以共同开展研究项目，解决体育教学中面临的共同问题。通过跨国界的合作研究，汇聚不同国家和地区的学术资源和

研究力量，形成合力，推动体育教学研究的深入发展。同时，合作项目还可以促进学术成果的共享和传播，提高研究成果的国际影响力。

3. 分享教学资源

除了研究项目外，高校还可以通过国际合作分享教学资源。包括课程设计、教学方法、教学材料等方面的资源共享。通过分享教学资源，高校互相学习、借鉴彼此的优势，提高各自的教学质量。同时，教学资源的共享还有助于减少教学成本，提高教学资源的利用效率。

4. 互派访问学者

学术交流项目还为高校之间的互派访问学者提供了机会。访问学者可以在合作高校进行短期或长期的教学和研究工作，深入了解对方的教学和研究环境，促进双方在教学和研究方面的深入交流。这种互派访问学者的方式不仅有助于加强教师个人之间的合作，还能够推动建立高校之间的长期合作关系。

5. 推动国际体育教学的标准化和规范化

国际合作还可以推动国际体育教学的标准化和规范化。通过共同制定教学标准、评估体系等，确保不同国家和地区的体育教学在质量和水平上保持一致，促进全球体育教学的整体发展。

学术交流项目对于加强国际合作、推动国际体育教学发展具有重要意义。通过建立广泛的国际合作网络、共同开展项目研究、分享教学资源、互派访问学者以及推动国际体育教学的标准化和规范化等途径，共同应对体育教学中面临的挑战，推动全球体育教学向着更高水平发展。

二、学生交流项目

在全球化日益盛行的今天，国际交流已经成为教育领域中不可或缺的一部分。对于体育教学而言，学生交流项目不仅是增进学生对不同体育文化理解的有效途径，更是提升学生跨文化交流能力和国际视野的重要手段。

（一）增进文化理解

在日益全球化的今天，增进对不同文化的理解已经成为教育的重要目标之一。学生交流项目，作为一种跨文化交流的重要途径，为学生提供了一个独特的机会，让他们能够深入了解和体验不同国家的体育文化。这种经历不仅有助于学生的个人成长，也对促进国际的文化交流和合作具有积极意义。

1. 深入了解不同体育文化

通过参与学生交流项目，学生可以融入异国的体育环境，直接观察和体验当地的运动方式、竞赛规则以及体育价值观。这种深入的文化体验让学生有机会超越书本和媒体的描述，更加真实、全面地了解不同国家的体育传统和特色。首先，不同的运动方式反映了各国独特的文化特征和历史背景。例如，某些国家可能更偏好团体运动，强调团队合作和集体荣誉感；而另一些国家可能更偏爱个人竞技，强调个人能力和奋斗精神。通过参与当地的体育活动，学生可以亲身感受到这些差异，思考其背后的文化和社会因素。其次，竞赛规则的不同也体现了各国在体育领域的独特理念。例如，某些国家更重视比赛的公正性和竞技性，而另一些国家更注重比赛的娱乐性和观赏性。通过了解和参与不同国家的体育赛事，学生可以更加深入地了解这些规则的制定和实施过程，并从中感受到各国在体育价值观上的异同。

2. 培养全球化意识

学生交流项目不仅为学生提供了了解不同体育文化的机会，还为学生创造了一个多元文化的交流平台。在这里，学生可以接触到来自不同国家和文化背景的同学和教师，他们的思想观念、行为方式、价值观等都存在显著的差异。通过与这些不同背景的人交流和互动，学生可以更加深刻地认识到世界的多样性和复杂性。这种经历有助于学生打破文化偏见和刻板印象，养成开放、包容的心态。同时，学生还能够学习如何在多元文化环境中进行有效的沟通和合作，这对于他们未来在国际化的社会和职场中取得成功具有重要意义。此外，学生交流项目还有助于培养学生的跨文化交际能力。在与来自不同文化背景的人交往过程中，学生需要学习如何适应对方的文化习惯和行为方式，同时也需要将自己的文化和价值观以恰当的方式传达给对方。这种跨文化交际能力不仅有助于学生在国际交流中建立良好的人际关系，也有助于他们在未来的职业生涯中更好地应对全球化的挑战。

学生交流项目对于增进学生对不同体育文化的理解以及培养他们的全球化意识具有显著的作用。这种经历不仅能够丰富学生的个人成长经历，提升他们的跨文化交际能力，还能够为他们在未来国际化的社会和职场中取得成功打下坚实的基础。

（二）提升语言能力

在全球化的今天，语言能力已经成为衡量一个人综合素质的重要指标之一。学生交流项目，作为一种跨文化交流的重要途径，为学生提供了一个独特的平台，让他们能够在实践中锻炼和提升自己的语言能力。

1. 良好的语言学习环境

学生交流项目通常将学生置于一个与母语不同的语言环境中。这种环境为学生提供了大量的语言实践机会，让他们能够在日常生活中不断运用和巩固所学的语言知识。

首先，与来自不同国家的同学和教师交流是学生提升语言能力的重要途径。在这种多元文化的环境中，学生需要用外语进行日常的沟通和交流，无论是课堂上的学习讨论还是课下的闲聊玩笑，都需要他们不断地运用外语。这种实践性的语言学习方式让学生有机会在实际交流中不断纠正自己的发音、语法和词汇等方面的错误，从而更加有效地提高语言水平。其次，学生交流项目还会安排各种丰富多彩的活动，如文化讲座、体育活动、艺术表演等，这些活动为学生提供了更多的语言实践机会。通过这些活动，学生不仅可以锻炼自己的口语表达能力，还能够学习到更多的词汇和表达方式，丰富自己的语言知识储备。

2. 增强跨文化沟通能力

除了提升外语水平外，学生交流项目还有助于学生增强跨文化沟通能力。在与来自不同文化背景的同学和教师相处的过程中，学生需要学会如何有效地进行跨文化沟通和合作。

首先，学生需要了解并尊重不同文化背景下的沟通方式和行为习惯。例如，某些文化更强调个人表达和自我展示，而另一些文化更注重团队合作和集体决策。通过了解和适应不同文化背景下的沟通方式，学生可以更加有效地与他人进行交流和合作。其次，学生还需要学会如何在跨文化交流中处理误解和冲突。由于文化背景和语言习惯的差异，学生在交流中可能会遇到各种误解和冲突。通过学习和实践跨文化沟通的技巧和策略，学生可以更加成熟地处理这些问题，从而建立良好的人际关系并促进团队的合作。学生交流项目对于提升学生的语言能力和跨文化沟通能力具有显著的作用。这种实践性的学习方式和跨文化交流的经历不仅有助于学生巩固所学的语言知识，还能够培养他们的跨文化意识和沟通技巧，为他们在未来国际化的社会和职场中取得成功打下坚实的基础。

（三）拓宽国际视野

在全球化的时代背景下，拓宽国际视野已经成为学生成长的重要需求。学生交流项目，作为一种跨文化交流的重要途径，为学生提供了一个独特的机会，让他们能够接触到不同的教育体系、教学方法和课程内容，开阔视野，增强国际竞争力。

通过参与学生交流项目，学生可以亲身体验到不同国家的教育体系和教学方法。这种经历让学生有机会了解到不同的教育理念、教学模式和课程内容，拓宽自己的教育视野。

首先，不同国家的教育体系存在差异，这些差异主要体现在教育目标、课程设置、教学方法和评价方式等方面。例如，某些国家更注重学生的创新能力和批判性思维的培养，而另一些国家更强调基础知识的掌握和应试能力。通过了解不同国家的教育体系，学生可以更加全面地认识到教育的多样性和复杂性，从中汲取有益的经验和启示。其次，教学方法的差异也是学生拓展国际视野的重要内容。不同文化背景下的教学方法存在显著的差异。例如，某些文化更偏好讲座式的教学方式，强调教师的权威和知识的传授；而另一些文化更偏爱讨论式或实践式的教学方式，强调学生的参与和互动。通过接触不同的教学方法，学生可以更加深入地了解不同文化背景下的学习方式和思维模式，并从中学习到更加适合自己的学习方法。

学生交流项目还有助于增强学生的国际竞争力。首先，通过了解不同国家的体育文化和发展状况，学生可以更加全面地把握国际体育发展的趋势和机遇。这种对国际形势的敏锐洞察力有助于学生在未来的职业发展中更加准确地定位自己的方向和目标。其次，学生交流项目还为学生提供了与来自不同国家和文化背景的同学和教师建立联系的机会。这些人际关系网络不仅有助于学生在学术和职业领域获得更多的资源和支持，还能够提升他们的跨文化交际能力和团队协作能力。这些能力在当今全球化的社会中越来越受到重视，因此具备这些能力的学生在未来的竞争中将更具优势。

学生交流项目对于拓展学生的国际视野和增强他们的国际竞争力具有显著的作用。这种经历不仅能够让学生接触到不同的教育体系和方法，拓宽他们的教育视野；还能够让他们更加全面地了解国际体育发展的趋势和机遇，增强他们的国际竞争力。这种跨文化交流的经历将为学生的未来成长和发展奠定坚实的基础。

（四）培养跨文化交流能力

随着全球化的不断推进，跨文化交流能力已经成为当今社会不可或缺的一项能力。学生交流项目，作为一种跨文化交流的重要途径，为学生提供了一个独特的机会，让他们能够在实践中锻炼和提升自己的跨文化交流能力。

1. 学会尊重和包容差异

在与来自不同文化背景的同学和教师相处的过程中，学生首先需要学会如何尊重和包容差异。这种尊重和包容主要体现在以下几个方面。

尊重文化背景：每个国家和民族都有自己的文化传统和价值观念，这些差异在交流中可能会产生误解和冲突。因此，学生需要学会尊重他人的文化背景，理解并接受不同文化背景下的行为方式和思维模式。

包容语言差异：语言是文化的载体，不同国家的语言可能存在显著的差异。在交流中，学生需要学会包容他人的语言差异，耐心倾听并尽力理解他人的表达。同时，学生也需要学会用恰当的语言和方式与他人进行沟通，避免使用可能引起误解或冲突的言辞。

尊重个人空间：不同文化背景下的人对于个人空间的需求和认知可能存在差异。在相处过程中，学生需要学会尊重他人的个人空间，避免过度干涉或侵犯他人的隐私。

通过学会尊重和包容差异，学生可以建立起良好的人际关系，促进与来自不同文化背景的同学和教师之间的交流和合作。这种能力不仅有助于学生在国际交流中取得成功，还能够为他们在未来的生活和工作中更好地适应多元文化环境打下坚实的基础。

2. 提升团队协作能力

学生交流项目往往涉及团队合作和集体活动的安排。这种团队协作的经历可以锻炼学生的团队协作能力和领导能力。具体而言，这种经历可以帮助学生。

提升沟通技巧：在团队合作中，学生需要与他人进行有效的沟通和协商，共同完成任务或活动。通过与来自不同国家的同学和教师合作，学生可以学习到更多的沟通技巧和方法，提高自己的沟通能力。

培养团队合作精神：团队合作要求学生具备团结协作的精神和意识。通过参与团队合作的活动和任务，学生可以逐渐培养起团队合作精神，学会与他人相互支持、共同努力达成目标。

提升领导能力：在团队中担任领导角色可以锻炼学生的领导能力。通过领导团队完成任务或活动，学生可以学习到如何制订计划、分配任务、协调资源等领导技能和方法。

学生交流项目对于培养学生的跨文化交流能力具有显著的作用。这种经历不仅可以让学生学会尊重和包容差异，建立起良好的人际关系；还可以提升他们的团队协作能力和领导能力。这些能力在未来的职业发展中具有重要作用，能够帮助学生更好地适应全球化的社会和职场环境。学生交流项目对于提升学生的跨文化交流能力和国际视野具有重要意义。它不仅有助于学生增进对不同文化的理解和尊重，还能提升学生的语言能力和跨文化交流能力。因此，高校应积极组织和推广学生交流项目，为学生提供更加广阔的发展空间和机会。

第二节　国际体育产业合作

一、跨国体育赛事合作

跨国体育赛事合作，作为国际体育产业合作的重要组成部分，已经成为推动全球体育交流与发展的重要途径。它涵盖了从奥运会、世界杯等国际大型综合赛事到各类单项世界锦标赛、国际邀请赛等多种合作形式。

（一）文化交流与理解

跨国体育赛事合作在当今全球化的时代中，不仅是体育竞技的碰撞，更是一次深刻的文化交流。这些活动，特别是大型的国际赛事，成为各国文化、传统和价值观交汇融合的大舞台。其影响之深远，远超过了简单的胜负角逐。

首先，跨国体育赛事为各国运动员、教练员、观众、媒体以及政府和企业代表提供了一个直接互动的平台。在这样的平台上，不同背景、不同国籍、不同肤色的人们因为共同的爱好和激情走到了一起。他们在赛场上的竞争、在场外的交往，为彼此打开了一个全新的窗口，得以一窥其他国家和文化的真实面貌。其次，这些赛事往往伴随丰富多彩的文化活动。以奥运会为例，作为全球最大的体育盛会，它不仅是一场体育竞技的巅峰对决，更是一次文化的盛宴。在奥运会期间，主办城市会倾尽全力，举办各种文化活动，如艺术表演、文化展览、民间文化交流等。这些活动不仅吸引了来自世界各地的观众，更为他们提供了一个深入了解主办国家文化的机会。此外，跨国体育赛事合作也为不同国家和地区的人们提供了一个增进了解与友谊的平台。在赛场上，运动员们通过竞技展示各自国家的体育实力和精神风貌；在场外，观众们则通过交流和互动，建立起深厚的友谊和合作关系。这种友谊和合作不仅局限于体育领域，更可以延伸到经济、政治、文化等各个领域，为不同国家之间的友好关系打下坚实的基础。

跨国体育赛事合作在文化交流方面的意义是不言而喻的。它不仅促进了不同国家之间的文化交融和理解，更为全球化背景下的文化多样性保护和文化传播注入了新的活力。通过这种交流与合作，我们可以共同推动人类文明的进步和发展，创造一个更加和谐、多元、包容的世界。

（二）知名度与影响力提升

跨国体育赛事合作无疑是提升知名度和影响力的有效途径。在全球化的大背景下，体育赛事已经远远超出了单纯的竞技意义，成为国家形象、文化交流以及商业价值的综合体现。

首先，跨国体育赛事合作能够吸引全球范围内的关注。这种关注来自世界各地的观众、媒体、政府和企业等多个层面。例如，当奥运会或足球世界杯等大型国际赛事举办时，全球的目光都会聚焦在主办国家和城市。这种高度的关注不仅提升了赛事本身的知名度，也让更多的人了解和参与体育赛事。其次，跨国体育赛事合作能够为主办国家和城市带来更高的国际声誉。成功举办一届大型国际赛事，意味着这个国家和城市在体育设施、组织能力、安全保障等方面都达到了国际先进水平。这种认可无疑会提升主办国家和城市的国际地位和声望，为其在国际舞台上发挥更大的作用奠定基础。此外，跨国体育赛事合作还会吸引更多的赞助商和投资者关注。随着赛事知名度和影响力的提升，越来越多的企业会看到与赛事合作带来的品牌曝光和营销机会。这些企业的参与不仅为赛事提供了必要的资金和资源支持，也为体育产业的快速发展注入了强大的动力。以足球世界杯为例，每届世界杯都会吸引众多知名品牌争相赞助，这些赞助商通过世界杯这一平台获得了广泛的品牌曝光和市场份额提升。

跨国体育赛事合作在提升知名度和影响力方面具有显著的效果。它不仅让更多的人了解和参与体育赛事，也为主办国家和城市带来了更高的国际声誉和经济效益。同时，这种合作也为体育产业的快速发展提供了强大的动力和支持。

（三）资源配置与优化

跨国体育赛事合作在资源配置与优化方面的作用日益凸显。随着全球化的深入发展，体育赛事的规模和影响力不断扩大，对资源的需求也越来越高。在这种背景下，跨国合作成为优化资源配置、提高资源利用效率的有效途径。跨国体育赛事合作能够实现资源的互补和优势叠加。不同国家在体育资源方面各有优势和不足，通过跨国合作，可以共同投入资金、技术、人力等资源，实现资源的优化配置和共享。这种合作模式不仅可以降低赛事的举办成本，提高资源利用效率，还可以提升赛事的整体水平和竞争力。

具体而言，跨国体育赛事合作在以下几个方面实现了资源的优化配置和共享。

资金投入：大型国际体育赛事的举办往往需要巨额的资金投入。通过跨国合作，可以集合各国的资金力量，共同承担赛事的举办费用。这种合作模式不仅可以减轻单一国家的财政压力，还可以降低赛事的筹办风险。

技术支持：不同国家在体育科技、场馆建设、赛事组织等方面具有不同的技术优势。通过跨国合作，可以实现技术资源的共享和互补。例如，一些国家在场馆建设方面有先进的技术和经验，而另一些国家在体育科技或赛事组织方面更具优势。通过合作，各方可以充分发挥各自的技术优势，共同提升赛事的技术水平和质量。

人力资源：体育赛事的举办需要大量的安保人员、志愿者等人力资源。通过跨国合作，可以集合各国的人力资源优势，共同应对赛事的人力资源需求。这种合作模式不仅可以降低人力成本，还可以提高人力资源的利用效率和质量。

除了上述三个方面，跨国体育赛事合作还可以促进国际的文化交流、增强各国之间的友谊和合作、推动体育产业的全球化发展等。这些方面的作用不仅丰富了体育赛事的内涵和外延，也为全球体育事业的繁荣发展作出了重要贡献。

跨国体育赛事合作在资源配置与优化方面具有显著的优势和作用。它不仅可以实现资源的互补和优势叠加，降低赛事的举办成本和提高资源利用效率；还可以提升赛事的整体水平和竞争力，推动全球体育事业的繁荣发展。

跨国体育赛事合作在促进文化交流、提升知名度和影响力以及优化资源配置等方面发挥着重要作用。随着全球化的深入发展，跨国体育赛事合作的前景将更加广阔，对于推动全球体育事业的发展具有重要意义。

二、跨文化体育产品开发

随着全球化的加速和消费者需求的多样化，跨文化体育产品开发逐渐成为体育产业发展的新趋势。这种开发方式强调对不同文化和背景的深入理解和尊重，旨在创造出真正符合各种消费者需求的体育产品。

（一）满足多元化的消费者需求

在全球化的大背景下，消费者的需求日益多元化。不同国家和文化背景下的消费者，由于历史、传统、生活方式等多种因素的影响，形成各自独特的审美、价值观和消费习惯。对于体育产品而言，这种多元化的消费者需求表现得尤为明显。因此，跨文化体育产品开发的首要任务就是深入研究这些差异，以满足不同消费者的多元化需求。

首先，不同文化背景下的消费者对体育产品的需求存在显著差异。例如，亚洲市场的消费者更注重产品的轻便性和灵活性，因为他们更倾向于参与一些技巧性较强、对身体柔韧性要求较高的运动项目，如武术、瑜伽等。而欧美市场的消费者更看重产品的耐用性和功能性，因为他们的运动方式往往更加激烈和具有对抗性，如篮球、足球等。因此，针对不同市场，体育品牌需要开发出符合当地消费者需求的产品。其次，审美差异也是影响消费者选择的重要因素。不同文化背景下的消费者对美的定义和追求各不相同。例如，东方文化更注重内敛、含蓄的美，西方文化则更倾向于张扬、奔放的美。这种审美差异在体育产品的设计上体现得尤为明显。为了满足消费者的审美需求，体育品牌需要深入了解目标市场的文化传统和审美习惯，并在此基础上进行产品设计。此外，价值观的差异也会对消费者的选择产生影响。不同文化背景下的消费者对体育的价值和意义有着不同的理解。例如，一些文化更强调体育的竞争性和结果导向，另一些文化则更注重体育的参与性和过程体验。这种价值观的差异要求体育品牌在产品开发和营销过程中，充分考虑到消费者的文化背景和价值观，以提供更加贴合其需求的产品和服务。跨文化体育产品开发需要深入研究不同国家和文化背景下消费者的需求、审美和价值观差异。通过了解并满足消费者的多元化需求，体育品牌可以打造出更加符合目标市场特点的产品，在全球化的竞争中占据有利地位。

（二）推动产品创新与多样化

跨文化体育产品开发是推动产品创新与多样化的重要途径。在全球化的背景下，体育产品的竞争越发激烈，消费者对产品的需求也日益多样化。为了满足消费者的需求并在竞争中脱颖而出，体育品牌需要不断进行产品创新，开发出多样化的产品。

首先，跨文化体育产品开发通过融合不同文化的元素和特点，创造出独特且具有吸引力的新产品。不同文化背景下的消费者具有不同的审美、价值观和消费习惯，这为体育产品的创新提供了丰富的灵感来源。例如，一些品牌可能会将东方文化中的禅意、和谐等元素融入运动装备的设计中，打造出具有独特美感和文化内涵的产品。这种创新不仅可以满足消费者的审美需求，还可以提升产品的附加值和竞争力。其次，跨文化体育产品开发还可以推动产品的功能创新。不同文化背景下的运动项目和运动方式各不相同，对运动装备的功能需求也存在差异。通过深入了解不同文化背景下的运动特点和需求，体育品牌可以开发出更加符合当地消费者需求的产品。例如，针对亚洲市场消费者对于轻便、灵活运动装备的需求，一些品牌会采用先进的材料技术和人体工程学设计，打造出既轻便又具有良好支撑性的运动鞋或运动服装。此外，跨文化体育产品开发还可以促进品牌传播和市场策略的创新。通过结合不同国家的传统节日或文化活动，推出具有文化特色的限量版产品或举办相关的体育活动，可以有效地吸引消费者的注意力和提高品牌影响力。例如，一些品牌会在春节、中秋节等中国传统节日期间推出具有中国传统文化元素的限量版运动装备，吸引中国消费者的关注和购买。同时，这些活动可以为品牌树立良好的形象，增强消费者对品牌的认同感和忠诚度。跨文化体育产品开发是推动产品创新与多样化的重要手段。通过融合不同文化的元素和特点进行产品创新，结合当地市场的需求和特点制定有针对性的市场策略，体育品牌可以不断开发出具有独特魅力和竞争力的新产品，在全球化的竞争中占据有利地位。

（三）拓展国际市场份额

随着全球化的深入发展，国际市场的重要性日益凸显。在这个过程中，跨文化体育产品开发为企业拓展国际市场份额提供了有力的支持。首先，针对不同国家和地区的消费者需求开发适销对路的产品，是企业拓展国际市场份额的基础。由于不同文化背景下的消费者需求存在显著差异，一款产品在一个市场受到欢迎，在另一个市场可能遭遇冷落。因此，企业需要深入了解目标市场的消费者需求、文化背景和消费习惯，开发出符合当地市场特点的产品。通过跨文化体育产品开发，企业可以更加精准地把握目标市场的消费者需求，开发出适销对路的产品，提高产品的市场接受度和竞争力。其次，跨文化体育产品的开发有助于企业在全球范围内扩大品牌影响力和提高市场占有率。随着全球化的加速发展，消费者对品牌的认知和选择越来越多地受到国际因素的影响。一款具有国际化特色和创新元素的产品，不仅可以吸引当地消费者的关注，也可以通过口碑传播和国际媒体报道等方式扩大品牌影响力。这种品牌影响力的提升将进一步增强消费者对企业的信任和忠诚度，促进企业市场份额的增长。此外，跨文化体育产品开发还可以为企业带来多元化的收入来源和更广阔的发展空间。不同国家和地区的市场规模、增长潜力和竞争格局各不相同，通过跨文化体育产品开发，企业可以针对不同市场的特点制定有针对性的市场策略，在不同的市场中实现多元化发展。这种多元化的发展模式不仅可以降低企业的市场风险，也可以为企业带来更多的增长机会和利润空间。跨文化体育产品开发对于企业拓展国际市场份额具有重要的作用。通过深入了解目标市场的消费者需求和文化背景，开发出符合当地市场特点的产品，企业可以提高产品的市场接受度和竞争力，扩大品牌影响力和提高市场占有率。同时，跨文化体育产品开发还可以为企业带来多元化的收入来源和更广阔的发展空间，为企业在全球化的竞争中占据有利地位提供有力支持。

（四）促进文化交流与融合

跨文化体育产品开发不仅具有商业价值，更在深层次上承载着文化交流与融合的使命。体育，作为一种全球性的语言，具有超越国界、种族和文化的强大凝聚力。当体育与不同文化相结合时，所产生的火花不仅能够创造出独特的商业价值，更能够在文化层面产生深远影响。

首先，跨文化体育产品开发推动了文化的传播。当一款融入了某种文化元素的体育产品在全球市场上流通时，它实际上成为一个文化的传播载体。消费者在购买和使用这些产品的过程中，会不自觉地接触到产品所蕴含的文化信息，增进对该文化的了解和认识。这种传播方式比传统的文化宣传更加潜移默化，也更加容易被消费者接受。其次，跨文化体育产品开发促进了文化间的理解与尊重。通过将不同文化的元素和特点融入体育产品，可以让消费者体验到不同文化的魅力，也可以促进不同文化之间的理解与尊重。例如，一些体育品牌通过与不同国家的艺术家或设计师合作，将当地的传统艺术或文化元素融入产品设计。这种合作方式不仅丰富了产品的文化内涵，也让消费者在购买和使用产品的过程中能够感受到不同文化的独特魅力和价值。

此外，跨文化体育产品开发还有助于推动文化的多样性与包容性发展。在全球化的背景下，文化的多样性与包容性成为社会发展的重要指标。通过跨文化体育产品开发，企业可以在商业活动中践行多元文化理念，推动文化的多样性与包容性发展。这种推动力量不仅可以为企业在全球化竞争中赢得更多的市场机会和消费者认同，也可以为社会创造出更加和谐、包容的文化环境。

跨文化体育产品开发在促进文化交流与融合方面发挥着重要作用。通过将不同文化的元素和特点融入体育产品，企业不仅可以创造出独特的商业价值，也可以在深层次上推动文化的传播、理解与尊重以及多样性与包容性发展。这种跨文化的交流与合作方式不仅丰富了体育产品的文化内涵和市场竞争力，也为全球文化的交流与融合注入了新的活力。跨文化体育产品开发在满足消费者需求、推动产品创新、拓展市场份额以及促进文化交流与融合等方面都发挥着重要作用。随着全球化的深入发展和消费者需求的不断变化，跨文化体育产品开发的前景将更加广阔，对于推动全球体育产业的发展具有重要意义。

第八章　挑战与未来展望

面临的挑战

一、教学与经济平衡的难题

随着社会的快速发展，高校体育教学面临着越来越多的挑战。其中，如何在教学与经济建设之间找到平衡点，是许多高校都面临的难题。这种平衡不仅涉及经费的投入与分配，还关系教育理念与经济利益之间的权衡。

（一）资源分配的挑战

在推进高校体育教学发展的过程中，资源分配的问题成为核心挑战。这不仅是因为体育教学本身需要多种资源的支持，更是因为在高校整体的教育体系中，资源往往是有限且需要均衡分配的。

首先，优秀的师资队伍是体育教学的基石。体育不仅是一门技能课，更是一门涉及身心健康、团队协作、竞技精神等多方面的综合性学科。这就要求体育教师不仅具备专业的运动技能，还需要有深厚的教育背景和教学经验。很多高校由于对体育教学的重视程度不够，难以吸引到足够数量和质量的优秀教师。这直接影响到体育教学的质量和深度。其次，先进的教学设备对于提升体育教学效果至关重要。例如，运动生物力学、运动生理学等现代科技可以帮助学生更加科学地理解运动原理，提升训练效果。但这些高科技设备的购置和维护都需要大量的资金投入，很多高校在这方面的投入相对不足，制约了体育教学的现代化进程。最后，完善的体育设施是开展体育教学的基本保障。无论是日常的体育课程还是课余的训练和比赛，都需要有足够的场地和设施支持。然而在很多高校体育设施的建设往往滞后于其他学科的发展，或者因为城市规划、土地资源等问题而受到限制。这不仅影响了学生的运动体验和学习效果，也限制了学校体育教学活动的多样性和丰富性。面对这些挑战，高校需要在有限的资源下做出明智的选择和分配。一方面，通过提升体育教学的地位和重视程度，吸引更多的优秀教师和学生参与；另一方面，积极寻求政府、企业等社会各界的支持和合作，共同推进高校体育教学的发展。同时，通过优化课程设置、创新教学方法等方式，提高资源的利用效率，确保每个学生都能得到良好的体育教育。

（二）经费投入的问题

经费的投入在高校体育教学中扮演着至关重要的角色，它直接关系教学质量的优劣、学生的学习体验以及体育教学整体的发展潜力。许多高校因为体育教学方面的经费投入不足，而引发了一系列问题。

首先，经费的不足直接导致了教学设备的陈旧和落后。体育教学依赖于各种专业化的设备和器材，这些设备不仅能够帮助学生更好地掌握运动技能，也是高校体育教师提升教学效果的重要工具。由于经费短缺，很多高校无法及时更新和升级这些设备，导致学生在使用过程中遇到诸多不便，甚至存在安全隐患。这不仅影响了学生的学习积极性和成果，也对教师的教学效果造成了不良影响。其次，体育设施的完善与否直接影响到体育教学活动的正常开展。一个完备的体育设施包括宽敞的运动场地、多样化的运动场馆以及配套的辅助设施等。但是，经费的不足使一些高校在体育设施的建设和维护上捉襟见肘。这不仅限制了体育教学活动的多样性和丰富性，也可能因为设施的不完善影响到学生的运动安全。此外，经费的投入还与教师培训和专业发展密切相关。教师是教学过程中的主导者，他们的专业素养和教学能力直接影响教学质量。由于经费不足，一些高校无法为教师提供充足的培训和学习机会，导致教师的专业技能和知识更新滞后，无法满足现代体育教学的需求。这不仅制约了教师的个人发展，也对教学质量造成了潜在威胁。

经费投入不足是制约高校体育教学发展的重要因素之一。它不仅影响到教学设备和设施的更新与维护，也关系教师的培训和专业发展。为了解决这一问题，高校需要积极寻求多元化的经费来源，如政府拨款、社会捐赠、校企合作等，确保体育教学能够获得稳定且充足的经费支持。同时，高校还应建立科学合理的经费管理机制，确保经费的有效利用和合理配置，推动体育教学质量的全面提升。

（三）教育理念与经济利益的权衡

在当今社会，高校作为培养人才的摇篮，其教育理念与教学实践对于国家的未来和社会的进步具有深远的影响。随着经济的发展和市场竞争的加剧，高校在运营过程中不可避免地面临着经济利益的考量。在这种情况下，高校如何在教育理念和经济利益之间进行权衡，成为一个值得深思的问题。一方面，高校的教育理念是其核心价值的体现，它要求学校以学生为中心，关注学生的全面发展，培养学生的创新精神和实践能力。体育教学作为高校教育的重要组成部分，对于培养学生的身心健康、团队协作精神和竞争意识具有重要作用。因此，从教育理念的角度来看，高校应该重视体育教学，确保其投入和质量。另一方面，高校作为一个经济实体，也需要在运营过程中考虑经济利益。在资源有限的情况下，高校需要在不同的教育领域之间进行资源的分配和投入。有时为了降低成本或增加收入，高校可能会考虑缩减体育教学的投入，或者将体育设施商业化。这种做法在短期内可能会带来一定的经济效益，但从长远来看，却可能对体育教学的质量和学生的全面发展造成损害。在这种情况下，高校需要认真权衡教育理念和经济利益之间的关系。

首先，高校应始终坚持以学生为中心的教育理念，确保体育教学的质量和学生的全面发展。这是高校的根本使命和社会责任所在。同时，高校可以通过创新管理模式、寻求多元化的经费来源等方式来缓解经济压力，确保体育教学的稳定发展。其次，高校应该在保证教学质量的前提下，探索体育设施的商业化运营。这不仅可以为高校带来一定的经济收益，而且有助于提升体育设施的利用效率和社会效益。在这个过程中，高校需要建立完善的管理机制和监督机制，确保商业化运营不会影响到正常的教学秩序和学生的权益。

教育理念与经济利益的权衡是高校在发展过程中必须面对的问题。高校应以教育理念为主导，同时兼顾经济利益，通过科学合理的规划和管理，确保体育教学的稳定发展和学生的全面发展。这不仅需要高校的智慧和勇气，也需要社会各界的支持和理解。

（四）寻找平衡点的方法与策略

面对教育理念与经济利益的权衡，高校需要采取一系列方法与策略来寻找平衡点，以确保体育教学能够得到应有的重视和发展。

1. 提升对体育教学的认知

深化理解：高校管理层和教师应加强对体育教学的研究和理解，认识到其在学生身心健康、团队协作、竞技精神等多方面的综合作用。

宣传与教育：通过校内外的讲座、研讨会等活动，提高全校师生对体育教学重要性的认识，形成全校范围内的共识。

纳入战略规划：将体育教学纳入学校的整体发展战略中，确保其在资源分配、政策制定等方面得到足够的重视。

2. 合理规划和分配资源

科学评估需求：定期对学校体育教学的需求进行评估，了解学生、教师和设施等方面的实际需求。

透明化分配机制：建立公开透明的资源分配机制，确保资源能够按照教学需求和优先级进行合理分配。

动态调整：根据教学反馈和评估结果，及时调整资源分配方案，确保资源的有效利用。

3. 拓宽经费来源

政府合作与拨款：积极争取政府的支持，通过项目合作或专项资金等形式增加体育教学经费。

社会捐赠与校友支持：发动社会力量，通过接受捐赠或校友资助等方式，为体育教学筹集资金。

校企合作与赞助：与企业建立合作关系，获得赞助或共同开展项目，以补充体育教学经费。

4. 坚持教育为本的原则

明确教育目标：始终坚持以学生的全面发展为教育目标，确保任何经济行为都不违背这一根本原则。

建立监督机制：设立专门的监督机构或委员会，对涉及经济利益的教学活动进行监督和评估，确保其不损害教学质量和学生利益。

强化师德建设：加强教师职业道德教育，确保教师在面对经济利益时能够坚守教育初心，为学生的成长负责。

通过以上方法和策略的实施，高校可以在教育理念和经济利益之间找到平衡点，既保证了体育教学的质量和学生的全面发展，又兼顾了学校的经济利益和长远发展。

高校在追求经济发展的同时，也应高度重视体育教学的发展和质量保障。通过合理的资源分配、经费投入和教育理念与经济利益的权衡，寻找到教学与经济之间的平衡点，推动高校体育教学的健康、可持续发展。

二、技术发展带来的变革

科技的飞速发展正在以前所未有的方式重塑高校体育教学。从教学模式的创新到教学手段的多样化，再到教学评价的复杂性，技术的影响无处不在。

（一）教学模式的创新与拓展

随着科技的日新月异，高校体育教学正经历着前所未有的变革。传统的体育教学模式往往受限于固定的时间和地点，以及相对单一的教学方式。在当今的数字化时代，这些限制正在被逐步打破，新的教学模式不断涌现，为体育教学注入了新的活力。

1. 在线教育的兴起

在线教育的出现，彻底打破了体育教学的时空限制。学生不再需要亲临操场或体育馆，只需要通过网络连接，就能随时随地参与体育课程的学习。这种灵活性不仅极大地扩展了学生的学习时间和空间，也适应了当代学生日益多样化的学习需求。在线教育平台为学生提供了丰富的学习资源，如教学视频、在线讲座、互动课程等。学生既可以自主选择感兴趣的内容进行深入学习，也可以根据自身的时间和进度安排学习计划。这种个性化的学习方式，不仅提高了学生的学习兴趣和动力，也培养了他们的自主学习能力。

2. 混合式教学与翻转课堂的引入

混合式教学和翻转课堂是近年来备受关注的新型教学模式。这些模式结合了在线学习和面对面教学的优势，通过课前预习、课中互动、课后反馈等环节，有效地提高了学生的参与度和学习效果。在混合式教学中，学生通常会在课前通过在线平台预习相关知识，为课堂教学做好准备。在课堂上，教师可以通过讲解、示范、小组讨论等方式与学生进行互动，帮助学生深化对知识的理解和应用。课后，学生可以通过在线作业、测试和讨论等方式对学习内容进行巩固和拓展。翻转课堂则更进一步，将传统的教学结构进行了颠倒。学生在课前通过在线学习掌握基础知识，课堂上则主要用于深入讨论、实践应用和解决问题。在这种模式下，教师更多地扮演引导者和辅助者的角色，而学生则成为学习的主体，积极参与讨论和实践。

3. 新技术在教学中的应用

除了在线教育和新型教学模式外，还有许多新技术被应用于体育教学中。例如，虚拟现实（VR）和增强现实（AR）技术可以为学生创造沉浸式的运动环境，帮助他们更好地理解和掌握运动技能；运动捕捉技术可以实时记录和分析学生的运动数据，为他们提供个性化的反馈和指导；移动应用程序可以为学生提供便捷的学习工具和丰富的学习资源。

教学模式的创新与拓展为高校体育教学带来了新的机遇和挑战。高校需要积极拥抱新技术和新模式，不断探索和尝试适合自身的教学方法和手段，以更好地满足学生的学习需求和社会的发展需要。

（二）教学手段的多样化与丰富性

随着科技的快速发展，体育教学手段逐渐展现出前所未有的多样化和丰富性。这些先进的教学手段不仅使教学内容更加生动有趣，还大大提高了教学效果和学生的学习体验。

1. 多媒体技术的应用

多媒体技术是体育教学中最为常见且成熟的技术手段之一。教师可以利用多媒体技术制作图文并茂、音视频结合的课件，将复杂的动作和技巧以直观、生动的方式展示给学生。例如，通过动画演示，学生可以清晰地看到运动员的肌肉运动、关节转动等细节，更深入地理解动作要领。此外，多媒体技术还能帮助学生进行自主学习和复习。教师可以将课件、教学视频等资源上传到在线平台，供学生随时随地进行学习。这种学习方式不仅方便灵活，还能培养学生的自主学习能力。

2. 网络技术的远程教学与在线互动

网络技术的普及为体育教学带来了远程教学和在线互动的可能性。通过网络技术，教师和学生即使身处异地也能进行有效的交流和指导。例如，教师可以通过视频会议系统进行远程授课，学生可以通过在线平台提交作业、参与讨论等。在线互动是网络技术在教学中的另一大应用。教师可以利用社交媒体、在线教育平台等工具与学生进行实时互动，解答学生的疑问，提供个性化的指导。这种互动方式不仅增强了师生之间的联系，还能激发学生的学习兴趣和参与度。

3. 虚拟现实技术与增强现实技术的沉浸式体验

虚拟现实（VR）技术和增强现实（AR）技术是近年来新兴的技术手段，它们为体育教学带来了前所未有的沉浸式体验。通过 VR 技术，学生可以身临其境地体验各种运动场景，如滑雪、攀岩等，感受真实的运动环境和氛围。这种体验方式不仅提高了学习的趣味性，还能帮助学生更好地理解和掌握运动技能。AR 技术则可以将虚拟信息与真实环境相结合，为学生提供更加丰富的学习体验。例如，教师可以利用 AR 技术在体育馆内布置虚拟的运动器材和场景，让学生通过手机或 AR 眼镜等设备与之互动。这种教学方式不仅增加了学习的互动性，还能帮助学生更好地理解和应用所学知识。

多样化的教学手段为体育教学带来了无限的可能性和创造力。教师应积极尝试和探索这些新兴技术手段，将其融入教学过程，提高教学效果和学生的学习体验。同时，高校也应加大对教学技术的投入和培训力度，为师生提供更加先进、便捷的教学工具和环境。

（三）教学评价的复杂性与挑战

随着技术的不断进步，教学评价在体育教学中正经历着前所未有的变革。这种变革既带来了更多的可能性，也带来了一系列的复杂性和挑战。

1. 大数据驱动下的精准评价

大数据技术的应用使体育教学评价更加全面和深入。通过分析学生的学习数据，教师可以准确地了解学生的学习进度、掌握情况和学习难点。这种精准的评价为教师提供了有力的支持，使他们能够根据学生的实际情况进行个性化的指导和建议。

例如，通过分析学生在在线平台上的学习记录、作业完成情况、测试成绩等数据，教师可以及时发现学生的学习问题，并提供针对性的解决方案。这种基于数据的评价方式不仅提高了教学的针对性，也增强了学生的学习效果。

2. 双向评价的机遇与挑战

技术的发展使教学评价从单向的教师评价学生，转变为双向的师生互评。学生可以通过网络平台对教师的教学质量、教学内容、教学方式等进行评价和反馈。这种双向评价机制不仅促进了教学相长，也提高了教学的透明度和公正性。但是，双向评价也带来了一系列的挑战。

首先，如何确保评价的公正性、客观性和有效性是一个需要解决的问题。由于网络平台的匿名性，有些学生可能会滥用评价权利，进行不公正或恶意的评价。其次，随着技术的发展，评价标准和方式也可能发生变化，需要教师不断更新自己的评价理念和方法，以适应新的评价环境。

3. 技术变革下的评价标准与方法更新

随着技术的发展，传统的教学评价标准和方式不再适用。传统的纸质测试被在线测试所取代，传统的教师观察评价被基于大数据的学习分析所取代。这种变革要求教师不断更新自己的评价理念和方法，以适应新的教学环境。同时，新的评价标准和方式需要经过实践和验证才能确保其有效性和可靠性。这需要大量的时间和资源投入，对于教师和学生来说都是一种挑战。

技术发展为体育教学评价带来了更多的可能性和复杂性。在享受技术带来的便利的同时，我们也需要正视其中的挑战和问题。为了确保教学评价的公正性、客观性和有效性，需要建立完善的评价机制，加强师生之间的沟通和互动，以及不断更新评价理念和方法。只有这样，才能充分发挥教学评价的作用，促进体育教学的持续改进和发展。

（四）应对技术发展带来的变革

随着技术的飞速发展，高校体育教学正面临前所未有的机遇与挑战。为了确保与时俱进并满足当代学生的需求，高校、教师、教育部门以及社会各界都需要共同努力，积极应对这场技术变革。

1. 教师角色与技能的转变

教师在应对技术变革中扮演着至关重要的角色。他们不仅需要持续关注和学习新技术，更需要将这些技术有效地融入教学实践中。这意味着教师需要不断提升自己的信息素养，掌握多媒体制作、在线教学平台使用、数据分析等技能。此外，他们还需要培养创新思维，勇于尝试新的教学方法和手段，如混合式教学、翻转课堂等，为学生提供更丰富、更有趣的学习体验。同时，教师之间的合作与交流也至关重要。通过定期的工作坊、研讨会和在线交流平台，教师可以分享彼此的经验和实践，共同解决技术整合教学中遇到的问题。

2. 学校的支持与投入

高校在推动体育教学技术创新方面发挥着核心作用。

首先，学校需要加大对体育教学技术创新的投入，包括资金、设备和人力资源等。确保教师有足够的资源去尝试和探索新的教学手段。其次，学校应建立完善的技术支持和培训体系，帮助教师熟练掌握新技术并有效应用于教学。最后，学校应鼓励和支持教师进行教学研究，探索新技术与体育教学的深度融合，推动教学模式和方法的创新。

3. 教育部门和社会各界的关注与支持

教育部门在引导和规范高校体育教学技术创新方面扮演着重要角色。教育部门可以制定相关政策，鼓励和支持高校进行技术创新，同时提供必要的指导和资源支持。此外，教育部门还可以通过建立评价机制和奖励机制，推动高校体育教学的持续改进和发展。

社会各界，特别是科技企业和教育机构等，也可以通过与高校合作、提供技术支持和资金支持等方式，共同推动高校体育教学的技术创新和发展。这种跨界合作不仅可以促进技术的快速应用和推广，还可以帮助高校更好地适应和引领教育领域的变革。

面对技术发展带来的变革，高校体育教学需要全社会的共同努力和支持。通过教师的自我提升、学校的积极投入、教育部门的政策引导和社会各界的广泛参与，共同创造一个充满活力、不断创新的高校体育教学新时代。这不仅有助于提高体育教学的质量和效果，更能培养出更多身心健康、全面发展的新时代人才。技术发展正在深刻变革高校体育教学，为其带来了更多的可能性和挑战。通过不断创新和探索，充分利用技术的优势，推动高校体育教学不断向前发展，培养出更加健康、全面发展的人才。

第二节 未来的发展方向

一、教学模式的创新

随着科技的进步和教育理念的不断更新，高校体育教学模式的创新是未来发展的必然趋势。

（一）个性化高校体育教学

随着技术的飞速发展，大数据和人工智能在教育领域的应用逐渐变得广泛和深入。在高校体育教学中，利用这些先进技术为每个学生量身定制个性化的学习计划和教学内容，已经成为一种创新且富有成效的教学方法。

1. 个性化教学的意义

传统的体育教学往往采用"一刀切"的教学方法，忽略了学生之间的个体差异。而个性化教学能够根据学生的个人特点、学习习惯、能力和兴趣等因素，为其提供更加贴合的教学内容和方式。这不仅有助于激发学生的学习兴趣和动力，还能够提高教师的教学效果，使每个学生都能够在体育教学中获得成长和进步。

2. 大数据与人工智能的应用

大数据和人工智能技术在个性化高校体育教学中发挥着核心作用。通过对学生的学习数据进行分析和挖掘，教师可以更加全面地了解学生的学习情况和需求。例如，通过分析学生的运动表现、体能测试数据、课堂参与度等信息，教师可以准确地评估学生的运动能力和学习进度，从而为其制订更加合适的教学计划。同时，人工智能技术还可以为教师提供智能化的教学辅助工具。例如，基于机器学习的智能推荐系统可以根据学生的历史学习数据和偏好，为其推荐合适的学习资源和训练项目。此外，虚拟现实（VR）和增强现实（AR）等技术也可以为学生提供更加沉浸式和交互式的学习体验。

3. 实施步骤与挑战

实施个性化高校体育教学需要经历以下几个步骤。

首先，收集学生的学习数据并进行预处理；其次，利用大数据分析技术挖掘学生的学习特点和需求；再次，基于挖掘结果为学生制定个性化的学习计划；最后，通过教学实践不断调整和优化教学计划。在实施过程中也面临着一些挑战，如数据安全和隐私问题、技术成熟度问题以及教师对新技术的接受和培训问题等。为了克服这些挑战，需要建立完善的数据管理和保护机制，加强技术研发和应用培训，提高教师的信息技术素养和教学能力。

个性化高校体育教学是教育信息化发展的重要趋势之一。通过大数据和人工智能等先进技术，为学生提供更加个性化、精准和高效的教学服务，促进每个学生的全面发展。未来，随着技术的不断进步和教育改革的深入推进，个性化高校体育教学将会取得更加显著的成果，为培养身心健康、全面发展的人才作出更大的贡献。

（二）混合式高校体育教学

随着数字化时代的到来，教育领域正经历着深刻的变革。在高校体育教学中，混合式教学模式的出现成为一种新的趋势，它结合了线上和线下教学的优势，为师生提供了更加灵活、高效的教学方式。

1. 线上教学的优势与应用

线上教学为高校体育教学带来了前所未有的便利。通过在线教育平台，教师可以制作和发布丰富多样的教学资源，如教学视频、PPT 课件、在线测试等。学生可以随时随地通过这些资源进行自主学习，不受时间和地点的限制。这种学习方式不仅方便了学生的学习安排，还能培养学生的自主学习能力。此外，线上教学还能实现即时互动和反馈。通过在线讨论区、社交媒体等工具，学生可以随时向教师提问或与其他同学交流，形成良好的学习氛围。同时，教师可以通过在线作业、测试等方式及时了解学生的学习情况，为其提供个性化的指导和建议。

2. 线下教学的不可替代性

虽然线上教学具有诸多优势，但线下教学在高校体育教学中仍然具有不可替代的地位。体育教学强调实践操作和亲身体验，许多运动技能和理论知识需要通过实际的动作示范和面对面的指导才能有效掌握。在线下课堂中，教师可以亲自示范动作，纠正学生的错误动作，提供及时的反馈和调整。同时，线下教学能为学生提供更多的社交互动机会。

体育运动往往需要团队合作和竞争，线下课堂中的小组讨论、团队练习等活动可以帮助学生培养团队精神和合作意识。此外，面对面的交流和互动还能增强学生的沟通能力和人际交往能力。

3. 混合式教学的融合与创新

混合式教学将线上教学和线下教学的优势有机结合，形成更加完善的教学模式。在混合式教学中，教师可以根据教学内容和学生的需求灵活调整教学方式。例如，对于一些理论性较强的内容，可以通过线上平台进行传授，对于需要实践操作的技能，则可以在线下课堂中进行练习和指导。此外，混合式教学还可以通过创新教学方式和手段来提高教学效果。例如，教师可以利用虚拟现实（VR）技术为学生创造沉浸式的运动环境，帮助他们更好地理解和掌握运动技能；或者利用大数据分析学生的学习数据，为他们提供个性化的学习建议和指导。

混合式高校体育教学充分利用了线上和线下教学的优势，为师生提供了更加灵活、高效的教学方式。这种教学模式不仅提高了教学效果和质量，还培养了学生的自主学习能力和综合素质。随着技术的不断发展和教育模式的不断创新，混合式教学将在未来发挥更加重要的作用。

（三）协作式高校体育学习

在当今这个信息化、全球化的时代，团队合作和沟通能力已经成为衡量一个人综合素质的重要指标。高校体育教学作为培养学生身心健康、全面发展的重要环节，开始注重培养学生的协作精神和交流能力。协作式高校体育学习就是在这样的背景下应运而生的一种新型教学模式。

1. 协作式学习的理念与意义

协作式学习强调学生之间的互助合作，通过小组讨论、项目合作等方式共同完成学习任务。这种教学模式不仅能够提高学生的学习效率，还能够培养他们的团队合作精神和沟通能力。在协作过程中，学生需要学会倾听他人的意见、表达自己的观点、协调不同的意见，达成共同的目标。这种经历对于他们未来的工作和生活都具有重要的意义。

2. 协作式学习在高校体育教学中的应用

在高校体育教学中，协作式学习可以应用于多个方面。例如，在理论学习中，教师可以安排学生进行小组讨论，共同探讨某个运动项目的历史、规则、技术要点等；在实践教学中，教师可以组织学生进行团队练习，通过相互配合完成某个运动动作或战术演练。除了课堂教学外，协作式学习还可以延伸到课外活动中。例如，教师可以安排学生以小组为单位进行课外调研，了解某项运动的最新发展动态、比赛规则等；或者组织学生参与校园体育赛事的筹备和组织工作，培养他们的组织协调能力和团队合作精神。

3. 协作式学习对学生综合素质的培养

协作式学习不仅有助于提高学生的体育技能水平，还能够培养他们的综合素质。

首先，通过与他人合作完成任务，学生可以学会尊重他人、理解他人、关心他人，形成良好的人际关系。其次，协作式学习能够培养学生的创新意识和批判性思维。在小组讨论和项目合作中，学生需要不断提出新的想法和解决方案，并对他人的观点进行客观分析和评价。最后，协作式学习还能够提高学生的自我管理和自我激励能力。在团队中，每个学生都需要承担一定的责任和义务，他们需要学会规划自己的时间、管理自己的情绪、激励自己不断进步。

协作式高校体育学习是一种富有创意和实效性的教学模式，它通过鼓励学生之间的协作和交流，培养他们的团队合作精神和沟通能力。这种教学模式不仅有助于提高学生的学习效果和学习兴趣，还能够为他们未来的发展打下坚实的基础。因此，我们应在高校体育教学中积极推广和应用协作式学习模式，为培养更多具有全面素质的人才作出贡献。

（四）跨学科融合

随着教育理念的不断更新和教育模式的多样化，跨学科融合成为高校体育教学中一个备受关注的话题。传统的体育教学往往局限于技能和体能的训练，而跨学科融合则旨在打破这种局限，将体育教学与其他学科进行有机融合，从而为学生提供更加丰富多彩的学习体验。

1. 跨学科融合的意义

跨学科融合在高校体育教学中具有深远的意义。

首先，它有助于拓宽学生的视野。通过将体育教学与心理学、社会学、教育学等学科相结合，学生可以接触到更多的知识和信息，更加全面地了解体育运动的本质和内涵。其次，跨学科融合有助于培养学生的跨学科思维。在传统的体育教学中，学生往往只关注于技能和体能的训练，忽视了体育运动背后的社会、文化和心理等因素。通过跨学科融合，学生可以学会从多个角度审视和分析问题，培养他们的综合思维能力和创新精神。最后，跨学科融合有助于提高学生解决问题的能力。在现实生活中，许多问题都不是单一的、孤立的，而是涉及到多个领域和方面。通过跨学科融合，学生可以接触到更多的实际问题和案例，学会综合运用各种知识和技能来解决问题。

2. 跨学科融合的实践

在高校体育教学中，跨学科融合可以通过多种方式进行实践。例如，教师可以邀请其他学科的专家或学者来举办讲座或研讨会，让学生了解不同学科的知识和观点。同时，教师可以设计一些综合性的课程项目或实践活动，让学生在实际操作中体验跨学科融合的魅力。

另外，高校可以通过建立跨学科的研究团队或实验室来促进不同学科之间的交流与合作。这些团队或实验室围绕特定的主题或问题进行研究，为学生提供更加深入的学习和实践机会。

3. 挑战与应对

虽然跨学科融合具有诸多优势，但在实践中也面临着一些挑战。例如，不同学科之间的知识体系和语言体系可能存在差异，需要高校进行有效的沟通和协调。同时，跨学科融合需要投入大量的人力和物力资源，需要高校和社会的支持和配合。为了应对这些挑战，我们可以采取以下措施：一是加强不同学科之间的交流与合作，建立有效的沟通机制；二是加大对跨学科融合的投入和支持力度，提供必要的资源和条件；三是培养学生的跨学科意识和能力，鼓励他们积极参与跨学科的学习和实践活动。

跨学科融合是高校体育教学创新发展的重要方向之一。通过跨学科融合，打破传统体育教学的局限，为学生提供更加丰富多彩的学习体验。虽然跨学科融合在实践中面临着一些挑战和困难，但只要我们积极探索、勇于创新，就一定能够找到有效的解决方案，推动高校体育教学的不断发展和进步。

二、体育经济的全球化趋势

随着全球化的加速发展，体育经济已经越来越呈现出全球化的趋势。这种趋势不仅体现在国际体育赛事的增多和跨国体育产业的合作上，还表现在体育品牌的国际化和国际体育组织的壮大等方面。

（一）国际体育赛事的增多

随着全球化的加速和科技进步的推动，国际体育赛事的数量和规模都在不断扩大。从四年一度的奥运会、世界杯，到年度举办的各大洲锦标赛、国际田联钻石联赛等，再到各种专业性、业余性的国际体育交流活动，全球范围内的体育交流与合作日益频繁。这种趋势不仅丰富了世界体育文化的多样性，也为体育经济的发展提供了广阔的空间。

1.体育赛事的增多与全球化

全球化的进程促进了国际的交流与合作，体育赛事不再局限于某一地区或国家，而是越来越多地呈现出跨国、跨洲甚至全球性的特点。这不仅增加了赛事的观赏性和竞技水平，也使更多的国家和地区有机会参与国际体育的大家庭。

2.对体育经济发展的推动

国际体育赛事的增多为体育经济的发展提供了强大的动力。

首先，随着赛事规模的不断扩大，对体育用品、装备的需求也随之增加，促进了体育用品制造业的发展。其次，大型体育赛事的举办往往需要高水平的体育场馆和基础设施，这为体育场馆建设和管理行业带来了巨大的商机。此外，体育赛事的举办还能带动相关产业的发展，如体育旅游、餐饮、住宿等，为举办城市和国家带来显著的经济效益。

3. 商业赞助与投资机会的增加

国际体育赛事的增多带来了更多的商业赞助和投资机会。大型体育赛事往往能吸引众多的赞助商和投资者，他们通过赞助或投资赛事来获得品牌曝光、提升企业形象、拓展市场份额等。这不仅为赛事提供了必要的资金支持，也为赞助商和投资者带来了可观的经济回报。同时，随着赛事商业化程度的提高，与赛事相关的衍生品市场也逐渐兴起，如吉祥物、纪念品、赛事主题商品等，为投资者提供了更多的盈利点。

4. 对全球文化交流的促进

国际体育赛事不仅是体育竞技的平台，更是文化交流的桥梁。通过参与和观看国际体育赛事，人们可以更加直观地了解不同国家和地区的体育文化、风俗习惯和精神风貌，增进彼此之间的了解和友谊。这种跨文化的交流有助于促进世界的和平与发展。

国际体育赛事的增多是全球化和体育产业发展的必然趋势。它不仅为体育经济的蓬勃发展提供了动力，也为全球范围内的文化交流与合作搭建了平台。未来，随着科技的进步和全球化的深入发展，我们有理由相信，国际体育赛事将会更加精彩纷呈，为世界带来更多的欢乐与激情。

（二）跨国体育产业的合作

随着全球化的不断深入，跨国体育产业的合作成为一个不可忽视的趋势。各国在体育领域的交流和合作不断加强，形成了一种紧密的全球体育产业网络。这种合作不仅有助于各国体育产业的共同进步，也为全球体育产业的可持续发展注入了新的活力。

1. 跨国体育产业合作的形式

跨国体育产业合作的形式多种多样，既有传统的体育用品制造、体育场馆建设等领域的合作，也有新兴的体育旅游、体育传媒、体育科技等领域的合作。这种多元化的合作形式为各国提供了更多的选择和机会，使得全球体育产业的资源得以更加有效的配置和利用。

2. 资源共享与优势互补

跨国体育产业合作的最大优势在于可以实现资源共享和优势互补。不同国家在体育产业上有着不同的优势和特色，通过跨国合作，将这些优势和特色结合起来，形成更加强大的竞争力。例如，发达国家在体育科技和管理经验方面较为先进，发展中国家则拥有丰富的劳动力和市场潜力。通过合作，双方可以相互借鉴和学习，共同推动全球体育产业的发展。

3. 推动全球体育产业协同发展

跨国体育产业合作有助于推动全球体育产业的协同发展。在全球化的背景下，各国在体育产业上的竞争已经不再是零和游戏，而是通过合作实现共赢。通过跨国合作，各国可以共同打造具有国际影响力的体育品牌和赛事，提升全球体育产业的整体水平和竞争力。

4. 实现全球体育产业可持续发展

跨国体育产业合作对于实现全球体育产业可持续发展具有重要意义。一方面，合作可以促进资源的节约和循环利用，减少浪费和污染，推动体育产业向绿色、低碳方向发展；另一方面，跨国合作可以促进各国在体育产业上的均衡发展，缩小发展差距，为全球体育产业的可持续发展创造更加有利的条件。

尽管跨国体育产业合作具有诸多优势，但在实践中也面临着一些挑战，如文化差异、法律障碍、市场风险等。为了克服这些挑战，各国需要加强沟通和协调，建立有效的合作机制和风险防范机制。同时加强人才培养和科技创新，提升各国在体育产业上的自主创新能力和核心竞争力。

跨国体育产业合作是全球体育产业发展的重要趋势之一。通过跨国合作，各国可以实现资源共享和优势互补，推动全球体育产业的协同发展，为实现全球体育产业的可持续发展作出更大的贡献。未来，随着全球化的不断深入和科技的不断进步，我们有理由相信跨国体育产业合作将会取得更加丰硕的成果。

（三）体育品牌的国际化

随着全球化的浪潮不断推进，体育品牌的国际化已经成为一个不可忽视的趋势。国际知名的体育品牌不仅在本国市场占据主导地位，更在全球范围内积极推广自己的品牌和产品，实现了品牌价值的最大化。

1.品牌国际化的意义

体育品牌的国际化意味着品牌不仅要在本土市场取得成功，还要能够在全球范围内获得认可和接受。这要求品牌不仅要有优质的产品和服务，还要有强大的品牌传播和市场营销能力。国际化的体育品牌能够跨越地域和文化的限制，与全球消费者建立紧密的情感联系，从而在全球范围内赢得市场份额和消费者的信赖。

2.国际推广与市场占有

为了在全球市场取得成功，体育品牌需要制定全面的国际推广策略。这包括了解目标市场的文化、消费习惯和需求，制定相应的产品设计和营销策略。通过在全球范围内开展广泛的广告宣传、赞助国际体育赛事和公益活动，以及与当地社区和消费者建立互动和联系，国际化的体育品牌能够迅速提高品牌知名度和市场占有率。

3.品牌形象与社会影响力

国际化的体育品牌往往具有高度的品牌形象和社会影响力。这些品牌通常代表着一种运动精神、健康生活方式或者社会文化现象，能够与全球消费者产生强烈的情感共鸣。通过积极参与国际体育赛事和公益活动，这些品牌能够展示自己的社会责任和担当，提升品牌形象和社会声誉。

4.经济效益与文化交流

体育品牌的国际化不仅能够带来显著的经济效益，还能够促进全球体育文化的传播和交流。一方面，国际化的体育品牌通过在全球范围内销售产品和服务，实现了巨大的经济效益，推动了全球体育产业的发展；另一方面，这些品牌也成为了全球体育文化的重要传播者。例如，一些国际知名的体育用品品牌通过赞助国际体育赛事和运动员，将自己的品牌形象与运动精神紧密结合，在全球范围内传播和推广了体育运动的文化和价值。

5. 面临的挑战与对策

尽管体育品牌的国际化带来了诸多好处，但在实践中也面临着不少挑战。其中包括文化差异、市场竞争、法律法规等。为了克服这些挑战，国际化的体育品牌需要深入了解目标市场，制定有针对性的营销策略；同时，还需要加强品牌保护，防范假冒伪劣产品的侵害；此外，还需要积极参与国际交流与合作，共同推动全球体育产业的健康发展。

体育品牌的国际化是全球体育产业发展的重要趋势之一。通过国际化，体育品牌能够在全球范围内实现品牌价值的最大化，推动全球体育产业的持续发展。未来，随着全球化的不断深入和消费者需求的不断变化，我们有理由相信体育品牌的国际化将会取得更加显著的成果。

（四）国际体育组织的壮大

随着全球化的不断深入，国际体育组织的力量和影响也在逐渐加强。这些组织不仅为全球范围内的体育赛事和活动提供了组织和协调的平台，还在推动各国间的体育交流与合作、促进全球体育文化的传播等方面发挥着越来越重要的作用。

1. 国际体育组织的角色与功能

国际体育组织是全球体育事业发展的重要推动者。它们通过制定和执行国际体育赛事的规则和标准，确保比赛的公平、公正和顺利进行；同时，这些组织还为各国和地区的体育机构提供了交流和合作的平台，促进了全球体育资源的共享和优化配置。此外，国际体育组织还积极推广体育运动，提高公众对体育运动的认识和参与度，为全球体育事业的发展奠定了坚实的基础。

2. 推动全球体育事业发展

国际体育组织通过举办各类国际体育赛事和活动，为全球体育事业的发展注入了强大的动力。这些赛事和活动不仅提高了各国运动员的竞技水平，也促进了全球体育文化的传播和交流。同时，国际体育组织还通过提供培训、技术支持和资金援助等方式，帮助发展中国家和地区提高体育运动水平，推动全球体育事业的均衡发展。

3. 促进国际交流与合作

国际体育组织在促进国际交流与合作方面发挥着不可替代的作用。它们通过组织国际会议、研讨会等活动，为各国体育机构和专家提供了交流和学习的机会。这些活动促进了各国在体育领域的知识和经验共享，有助于各国相互借鉴、共同进步。同时，国际体育组织还积极推动跨国体育产业合作，促进全球体育资源的优化配置和高效利用。

4. 面临的挑战与对策

尽管国际体育组织在全球体育事业发展中发挥着重要作用，但也面临着一些挑战。包括如何更好地协调不同国家和地区的利益诉求、如何应对不断变化的全球环境和市场需求等。为了克服这些挑战，国际体育组织需要进一步加强内部管理和协调能力，加强与各国政府和体育机构的沟通与合作，共同推动全球体育事业的健康发展。

国际体育组织的壮大是全球体育事业发展的重要保障。它们在推动全球体育事业发展、促进国际交流与合作等方面发挥着越来越重要的作用。未来，随着全球化的深入发展和全球体育事业的不断进步，国际体育组织的作用和影响力将进一步扩大，为构建更加开放、包容和繁荣的全球体育经济时代作出更大的贡献。

体育经济的全球化趋势已经成为不可逆转的历史潮流。通过国际体育赛事的增多、跨国体育产业的合作、体育品牌的国际化和国际体育组织的壮大，我们可以预见一个更加开放、包容和繁荣的全球体育经济时代即将到来。

参考文献

[1]　刘子豪 . 高校体育教育与素质教育探讨 [J]. 当代体育科技，2023，13（23）：39-42.

[2]　王静，李博 . 高校体育赛事品牌形象研究 [J]. 文体用品与科技，2023，18（18）：55-57.

[3]　党金芳，管涛 . 高校体育课程思政建设的探析 [J]. 科教导刊（电子版），2023（26）：166-168.

[4]　孙宁丽 . 论高校体育教学现状 [J]. 科教导刊 - 电子版（下旬），2021（4）：277-278.

[5]　李艳平 . 高校体育教育创新模式探究 [J]. 拳击与格斗，2023（3）：73-75.

[6]　杨岸亿 . 高校体育教学中的体育游戏应用策略 [J]. 江西电力职业技术学院学报，2023，36（2）：19-21.

[7]　刘泉 . 高校体育信息化管理模式研究 [J]. 文体用品与科技，2023，12（12）：144-146.

[8]　王乐，刘莹，李辉 . 体育强国视域下高校体育德育研究 [J]. 高教学刊，2023，9（31）：193-196.

[9]　刘智惠 . 体验式教学在高校体育教学中的实践初探 [J]. 拳击与格斗，2023（2）：102-104.

[10]　何雪芹 . 新时代高校体育教育的困境与突破 [J]. 吉林广播电视大学学报，2023（1）：140-142.

[11]　李戈，申晋波 . 体育游戏在高校体育教学中的应用探讨 [J]. 新课程研究，2023（27）：34-36.

[12] 尹昭龙.论高校体育训练中学生兴趣的培养 [J].拳击与格斗，2023（13）：22-24.

[13] 马利.高校体育排球训练的方法 [J].拳击与格斗，2023（14）：19-21.

[14] 唐韵琪.高校体育课程思政理论与实践研究 [J].当代体育科技，2023，13（23）：127-130.

[15] 翟一飞.体教融合视域下高校体育教学改革路径 [J].当代体育科技，2023，13（32）：53-56.

[16] 饶清秀子.高校体育教学中实施拓展训练分析 [J].拳击与格斗，2023（2）：123-125.

[17] 刘义飞.新时代高校体育文化育人价值探究 [J].体育科技，2023，44（4）：163-165.

[18] 郭卉娟.终身体育视域下高校体育教学改革实践 [J].当代体育科技，2023，13（8）：73-76.

[19] 韦瑞.高校体育教学中合作学习的应用 [J].拳击与格斗，2023（13）：91-93.

[20] 董晚唱.高校体育场馆市场运营研究 [J].文体用品与科技，2023，7（7）：83-85.

[21] 马英.高校体育建设与全民健身的协同发展 [J].文体用品与科技，2023，5（5）：1-3.

[22] 张丽艳.体教融合视域下的高校体育教学改革路径 [J].拳击与格斗，2023（17）：94-96.

[23] 肖丽娟.高校体育教师 PCK 现状及发展策略研究 [J].当代体育科技，2023，13（4）：171-174.

[24] 樊樱.探讨高校体育训练中兴趣的培养途径 [J].江西电力职业技术学院学报，2023，36（7）：106-108.

[25] 张飞朋.高校体育课程对学生体育精神的培养探讨 [J].当代体育科技，2023，13（14）：63-66.

[26] 程修明.体育心理学在高校体育教学中的应用研究 [J].江苏建筑职业技术学院学报，2023，23（1）：62-65.

[27] 周震宇，赵小平，程桢 . "全人教育"理念下高校体育育人价值研究 [J]. 通化师范学院学报，2023，44（6）：113-120.

[28] 万传学，刘利新 . "体医融合"融入高校体育保健课路径探索 [J]. 吉林工程技术师范学院学报，2023，39（8）：78-80.

[29] 余才旺 . 高校体育课程思政研究 [J]. 科学咨询，2021（2）：77.

[30] 安国民 . 高校体育教学模式创新路径探析 [J]. 拳击与格斗，2023（11）：22-24.

[31] 陈莉，代沛文，胡启林 . 普通高校体育的信息化建设 [J]. 湖北体育科技，2022，41（3）：267-270.

[32] 张家昊，洪捷 . 高校体育课程思政研究述评 [J]. 浙江体育科学，2022，44（4）：100-105.

[33] 何宜中 . 体教融合视域下高校体育教育发展策略探究 [J]. 南昌工程学院学报，2023，42（5）：93-98.

[34] 师伟超 . 拓展训练在高校体育教学中的应用分析 [J]. 拳击与格斗，2023（5）：99-101.

[35] 张强 . 智慧课堂在高校体育教学中的应用研究 [J]. 江西电力职业技术学院学报，2023，36（1）：43-45.